管·理·落·地·笔·记·系·列

物业管理
极简落地工作图解

时代华商企业管理培训中心
组织编写

Minimalist Landing
Work Diagram

化学工业出版社
·北京·

内容简介

《物业管理极简落地工作图解》一书内容涵盖了物业管理的多个方面，包括物业管理机构、物业日常运营管理、物业服务品质管理、物业财务管理、人力资源管理、物业风险管理、物业应急管理、物业合规管理等。本书通过图表分解的形式，将复杂的管理工作变得通俗易懂，让读者能够一目了然地掌握各项工作的关键要点和操作流程。

本书可供物业管理人员、物业运营人员、财务人员、人力资源专员（HR）、风险及应急管理人员、物业合规专员、智慧物业技术人员，以及关注物业行业发展的专业人士阅读参考。

图书在版编目（CIP）数据

物业管理极简落地工作图解 / 时代华商企业管理培训中心组织编写. -- 北京：化学工业出版社，2025.4.（管理落地笔记系列）. -- ISBN 978-7-122-47522-0

Ⅰ. F293.347-64

中国国家版本馆CIP数据核字第2025N39E28号

责任编辑：陈　蕾　　　　　　　　　　　　文字编辑：史燕妮　杨振美
责任校对：王鹏飞　　　　　　　　　　　　装帧设计：溢思视觉设计／程超

出版发行：化学工业出版社（北京市东城区青年湖南街13号　邮政编码100011）
印　　装：三河市双峰印刷装订有限公司
787mm×1092mm　1/16　印张13¾　字数270千字　2025年6月北京第1版第1次印刷

购书咨询：010-64518888　　　　　　　　售后服务：010-64518899
网　　址：http://www.cip.com.cn
凡购买本书，如有缺损质量问题，本社销售中心负责调换。

定　　价：78.00元　　　　　　　　　　　　　　　　　　版权所有　违者必究

前 言

在当今社会，物业管理已经成为城市生活中不可或缺的一部分，它关乎每一位居民日常生活质量的提高和社区环境的和谐。然而，物业管理工作的复杂性和琐碎性往往让物业管理者感到力不从心，如何在纷繁复杂的工作中找到一条清晰、高效的管理路径，成为众多物业管理者亟待解决的问题。

本书正是基于这样的背景编写，旨在通过简洁明了的方式，对物业管理的核心工作、关键流程和实用技巧进行梳理和呈现，帮助物业管理者快速掌握物业管理的精髓，实现管理工作的极简化和高效化。

本书的特色与优势主要体现在以下几个方面：

◇极简风格：本书采用极简主义风格，去除冗余内容，只保留最核心、最实用的物业管理知识和技巧，方便物业管理人员快速查阅和学习。

◇实战导向：书中内容紧密结合物业管理的实际情况，通过大量实际案例和经验分享，帮助物业管理人员更好地理解和应用物业管理知识。

◇系统全面：本书覆盖了物业管理工作的各个方面，从物业管理的模式确定、管理机构确定到物业服务各项工作的执行，再到物业合规管理，为物业管理人员提供了一套完整的工作体系。

◇易于落地：本书中的方法和工具都经过精心筛选和验证，具有很强的可操作性和可落地性，物业管理人员可以直接应用于实际工作中。

本书的内容涵盖了物业管理的多个方面，包括物业管理机构、物业日常运营管理、物业服务品质管理、物业财务管理、人力资源管理、物业风险管理、物业应急管理、物业合规管理等。本书通过图表分解的形式，将复杂的管理工作变得通俗易懂，让读者能够一目了然地掌握各项工作的关键要点和操作流程。

在编写过程中，我们注重实用性和可操作性，力求做到内容精练、语言简洁、图表清晰。同时，我们也充分考虑了不同规模和类型物业的管理需求，力求使本书具有广泛的适用性和参考价值。

我们相信，本书将成为广大物业管理者提升管理水平、优化工作流程、提高工作效率的重要工具。希望本书能够为物业管理者带来实实在在的帮助和启示，推动物业管理行业的健康发展和进步。

最后，感谢所有为本书编写和出版付出辛勤努力的同事和朋友们，也感谢广大读者的支持和厚爱。我们期待在未来的日子里，能够继续与大家一起探讨物业管理的最新理念和实践，共同为构建更加美好的社区环境贡献力量。

编 者

目 录

导读一　物业管理提升课程安排 1

导读二　物业管理人员学习指南 3

导读三　培训老师使用指南 4

第一章　物业管理机构 5

第一节　物业管理概述 6
一、物业管理的类型 6
二、物业管理的内容 7
三、物业管理的模式 7

第二节　物业服务企业 9
一、物业服务企业的业务内容 9
二、物业服务企业的权利和义务 10
三、物业服务企业的机构设置 12
四、物业服务企业的自我管理 18
五、与其他相关部门协调关系 20

第三节　业主及业主委员会 21
一、业主的权利和义务 21
二、业主大会及其职责 23
三、业主委员会 27

第二章　物业日常运营管理 32

第一节　物业环境管理 33
一、物业保洁管理 33

　　　　二、绿化管理 ·· 35
　　　　三、环境监测与污染防治 ······································ 37

　第二节　物业安全管理 ·· 38
　　　　一、安全护卫管理 ·· 39
　　　　二、车辆安全管理 ·· 42
　　　　三、消防安全管理 ·· 45

　第三节　房屋本体维护 ·· 51
　　　　一、房屋修缮的范围 ·· 51
　　　　二、房屋修缮的分类 ·· 51
　　　　三、建筑本体维护保养要求 ···································· 52
　　　　四、房屋修缮的管理过程 ······································ 52
　　　　五、室外共用设施养护维修 ···································· 55

　第四节　物业设施设备维护 ·· 57
　　　　一、物业设施设备的构成 ······································ 57
　　　　二、物业设施设备的运行管理 ·································· 57
　　　　三、物业设施设备的保养管理 ·································· 58

第三章　物业服务品质管理 ·· 61

　第一节　构建服务标准体系 ·· 62
　　　　一、明确目标和原则 ·· 62
　　　　二、制定服务标准 ·· 62
　　　　三、建立执行机制 ·· 63
　　　　四、人员培训和宣传 ·· 64
　　　　五、持续改进和优化 ·· 64

　第二节　创新物业服务模式 ·· 65
　　　　一、物业＋生活服务 ·· 65
　　　　二、物业＋家政服务 ·· 68
　　　　三、物业＋托幼服务 ·· 71
　　　　四、物业＋养老服务 ·· 73

		第三节　提升物业服务质量···77
			一、加强服务培训···77
			二、树立服务理念···78
			三、强化服务意识···80
			四、规范服务行为···80
			五、提高服务手段···81

第四章　物业财务管理···83

		第一节　物业费用收取与管理··84
			一、物业费的构成···84
			二、物业费的确定···85
			三、顺利收缴物业费··85
				相关链接　国瑞物业收取物业费的经验和方法···················87
			四、物业费收支公示··89
			五、物业收费难的应对措施··90

		第二节　预算编制与执行···93
			一、全面预算的内容··93
			二、全面预算的编制··94
			三、全面预算的执行··96
				相关链接　全面预算管理中的沟通·····································98

		第三节　成本分析与控制···99
			一、物业管理成本的构成···99
			二、人力成本控制··101
			三、设备维护成本控制···103
			四、物料消耗成本控制···104
			五、节能降耗减成本···105

第五章　人力资源管理···109

		第一节　招聘与选拔··110
			一、明确招聘条件··110

二、优化招聘流程 ··· 111
　　三、关注面试环节 ··· 112
　　四、选拔人才的标准 ··· 113
　　五、选拔人才的方法 ··· 114

第二节　培训与发展 ·· 115
　　一、新员工培训的目的 ··· 115
　　二、新员工培训的内容 ··· 116
　　三、在职员工培训的内容 ··· 117
　　四、在职员工培训的形式 ··· 117
　　五、培训后的转化 ··· 118

第三节　绩效考核与评估 ·· 119
　　一、绩效考核的作用 ··· 119
　　二、绩效考核的方法 ··· 120
　　三、绩效考核的反馈 ··· 123
　　四、绩效改进计划的制订 ··· 124
　　五、绩效考核结果的应用 ··· 126

第四节　激励与留存 ·· 126
　　一、建立完善的工作体系 ··· 126
　　二、培育良好的工作氛围 ··· 127
　　三、进行充分授权 ··· 128
　　四、设计合理薪酬 ··· 130
　　五、完善晋升制度 ··· 132

第六章　物业风险管理 ·· 135

第一节　风险管理概述 ·· 136
　　一、物业管理风险的类别 ··· 136
　　二、物业管理风险的来源 ··· 138
　　三、物业风险管理的目标 ··· 140

第二节　风险识别与评估 ·· 141
　　一、风险识别 ··· 141

  二、风险评估 142

 第三节 风险应对与处置 143

  一、风险应对 144

   相关链接 应对风险需加强沟通与协作 145

  二、风险处置 146

 第四节 风险防范与控制 149

  一、风险防范 150

  二、风险控制 151

   相关链接 ××物业服务企业基础物业管理风险识别与防范 152

第七章 物业应急管理 161

 第一节 突发事件处理 162

  一、突发事件的认知 162

  二、突发事件的处理原则 163

  三、突发事件的处理要求 164

  四、突发事件的处理步骤 165

  五、突发事件处理中的沟通 167

 第二节 危机公关应对 168

  一、公关危机与危机公关 168

  二、危机公关的重要性 169

  三、危机公关的原则 169

  四、危机公关的阶段 170

  五、危机公关的措施 171

  六、危机公关的策略 172

 第三节 建立应急响应机制 174

  一、制定应急预案 174

  二、组建应急响应队伍 175

  三、储备应急物资 176

  四、强化预警系统 177

  五、开展应急演练和培训 178

相关链接　应急演练该如何"演"与"练"……………………179

六、加强信息沟通与协作……………………………………180

七、做好事后恢复与总结……………………………………181

第八章　物业合规管理……………………………………182

第一节　管理行为合规……………………………………183

一、物业管理的定义…………………………………………183

二、物业管理的原则…………………………………………183

三、物业管理活动的监督……………………………………183

四、业主的权利………………………………………………184

五、业主的义务………………………………………………187

六、物业服务企业的法律性质………………………………188

七、物业服务企业的义务……………………………………189

第二节　合同管理合规……………………………………190

一、物业服务合同的定义……………………………………191

二、物业服务合同的内容和形式……………………………192

三、物业服务合同的效力……………………………………194

四、物业服务合同的履行……………………………………196

五、物业服务合同的解除……………………………………199

六、物业服务合同的续订……………………………………200

七、不定期物业服务合同……………………………………201

八、物业服务人的移交义务及法律责任……………………202

九、物业服务人的后合同义务………………………………203

第三节　知识产权保护合规………………………………204

一、知识产权的定义…………………………………………204

二、物业管理中保护知识产权的意义………………………204

三、物业管理中涉及的知识产权类型………………………204

四、物业管理中知识产权的运营……………………………205

五、知识产权保护的措施……………………………………206

相关链接　物业管理中常见侵权行为及后果……………208

导读一　物业管理提升课程安排

第一章　物业管理机构

- ☐ 物业管理概述
- ☐ 物业服务企业
- ☐ 业主及业主委员会

时间安排：

第二章　物业日常运营管理

- ☐ 物业环境管理
- ☐ 物业安全管理
- ☐ 房屋本体维护
- ☐ 物业设施设备维护

时间安排：

第三章　物业服务品质管理

- ☐ 构建服务标准体系
- ☐ 创新物业服务模式
- ☐ 提升物业服务质量

时间安排：

第四章　物业财务管理

- ☐ 物业费用收取与管理
- ☐ 预算编制与执行
- ☐ 成本分析与控制

时间安排：

第五章　人力资源管理

- ☐ 招聘与选拔
- ☐ 培训与发展
- ☐ 绩效考核与评估
- ☐ 激励与留存

时间安排：

第六章　物业风险管理

- ☐ 风险管理概述
- ☐ 风险识别与评估
- ☐ 风险应对与处置
- ☐ 风险防范与控制

时间安排：

导读一 | 物业管理提升课程安排

第七章　物业应急管理

- ☐ 突发事件处理
- ☐ 危机公关应对
- ☐ 建立应急响应机制

时间安排：

第八章　物业合规管理

- ☐ 管理行为合规
- ☐ 合同管理合规
- ☐ 知识产权保护合规

时间安排：

说明：以上PPT图片文档可供读者检测自学效果，也可供培训老师作为课件使用。

导读二　物业管理人员学习指南

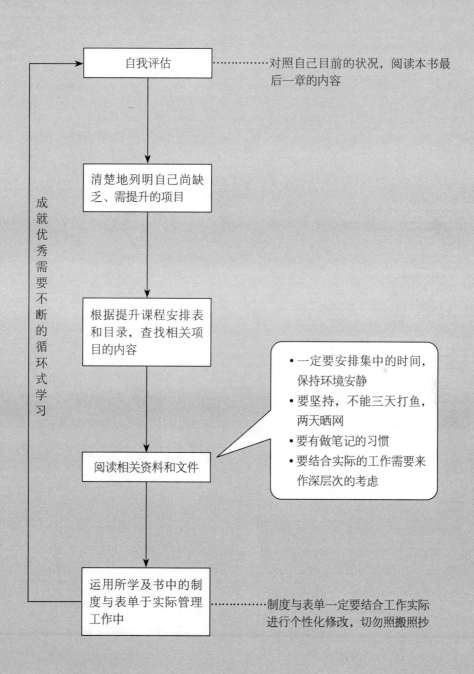

导读三　　培训老师使用指南

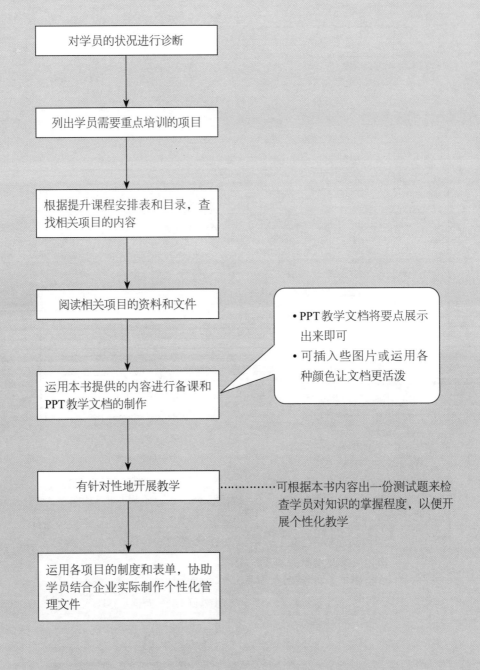

第一章
物业管理机构

第一节 物业管理概述

一、物业管理的类型

物业管理可按不同的标准进行分类。一般可以按物业的类别、物业的性质等标准划分。

1. 按物业的类别划分

物业的类别按其使用特征可以分为住宅（区）、工厂（区）、写字楼、综合商贸楼（城）、别墅等。相应的物业管理可以据此划分为住宅（区）物业管理、工厂（区）物业管理、写字楼物业管理、综合商贸楼（城）物业管理等形式。同时针对不同的物业管理形式，物业管理的内容和重点也有所不同，如工厂（区）的物业管理侧重于确保水、电供应和区内道路的畅通，写字楼的物业管理侧重于电梯管理、消防安全和安全保卫等。

2. 按物业的性质划分

根据物业的经济性质，物业可以分为收益性物业和非收益性物业，因而物业管理也可以划分为收益性物业管理和非收益性物业管理，如表1-1所示。

表1-1 按物业的经济性质划分

类别	定义	物业管理内容
收益性物业	主要是指经营性房屋，它通过房屋的经营实现其经济价值。如酒店、写字楼、商贸楼、出租住宅公寓等	除了管理与服务外，更为重要的是代业主对房屋进行经营，将管理、服务、经营融为一体，其目的是保证业主能够取得最好的经营效益，并使物业能够保值、增值
非收益性物业	主要指向业主（用户）提供效用，作为经营辅助设施或消费品而使用的房屋。如企业经营所必需的办公楼宇设施、工厂厂房设施、仓库设施以及住宅等	主要是管理和服务，目的在于保证物业的正常使用，为业主和使用者创造安全、舒适、清洁的使用和居住环境

> **小提示**
>
> 收益性物业管理与非收益性物业管理的划分并不是绝对的。有时非收益性物业管理，作为企业经营战略计划中的一部分，也会出现购置、租赁、转让等经营内容。这里的划分，是根据对物业的整体观察及物业大体使用方向来确定的。

二、物业管理的内容

物业管理的定义明确了其是为全体业主（用户）提供服务的，公共契约里都有这样一条条款："物业管理的根本宗旨是为全体业主（用户）提供及保持良好的生活、工作环境，并尽可能地满足他们的合理要求。"在实际操作中，物业管理按物业工程周期可分为交付使用前、后两种服务，如表1-2所示。

表1-2 物业管理的内容

工程周期	服务对象	服务内容
交付使用前	物业服务对象是大业主，即开发商或投资商	（1）从物业管理角度，就楼宇的结构设计和功能配置提出建议 （2）制订物业管理计划包括计算管理份额 （3）制定物业管理组织架构 （4）制定物业管理工作程序并提供员工培训计划 （5）制定第一年度物业管理财务预算 （6）参与工程监理 （7）参与设备购置 （8）参与工程验收 （9）拟订物业管理文本
交付使用后	物业服务对象是个体业主（用户）	（1）楼宇及设备的维修保养 （2）楼宇保险事宜 （3）保安服务 （4）清洁服务 （5）绿化环境保养 （6）紧急事故处理 （7）住户投诉处理 （8）财务管理 （9）根据业主（用户）要求可提供一些有偿服务，如代理租售业务、户内维修、清洁服务、邮递服务、其他商务服务等

三、物业管理的模式

物业管理的类型也就是物业管理的模式、方式。依据开发商、业主和物业管理部门的关系，一般划分为两大类。

1. 委托管理型

这是典型的，也是基本的管理模式。委托管理型物业管理是开发商、业主采用招标投标或协议的方式，通过物业服务合同委托专业化的物业服务企业，按照统一管理、综合服务的原则，提供劳务商品的管理模式。

如果物业的产权属于两个或两个以上的业主，就由业主管理小组或业主委员会代表业主承担自治管理的职能。

这种方式，按照自用或出租的不同又可分为图 1-1 所列的两种形式。

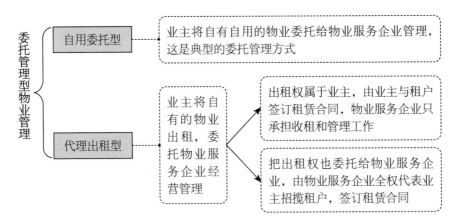

图 1-1　委托管理型物业管理的分类

代理出租型的物业管理费用的收缴也有两种方式：一种是物业管理费包含在租金里，由业主支付，一般只包括基本费用；另一种是物业管理费不包含在租金里，由承租人或使用人向物业服务企业支付。

不管是哪一种方式，都应该在合同和租约中明确规定。

2. 自主经营型

自主经营型物业管理指开发商、业主不是将自有的物业委托给专业的物业服务企业管理，而是由自己单位内部设立物业管理部门来管理。其与委托管理型物业管理的基本区别有两点。

第一是在物业所有权和经营管理权的关系上。自主经营型是两权合一，委托管理型是两权分离。

第二是在法人地位上。自主经营型的物业所有权人和经营人是同一个法人，而委托管理型是两个各自独立的法人。

自主经营型物业管理按其对物业的使用和经营方式又可分为图 1-2 所示的两种。

自有自用型	自有出租型
自有自用型物业大多数是收益性物业，如商场、宾馆、度假村、厂房、仓库等，这些单位往往在自己企业内部设立不具有独立法人资格的物业管理部门来管理自己的物业	开发商、业主和物业服务企业合为一体，来经营管理自己的出租物业，实质上是一家拥有自己产业的物业服务企业

图 1-2　自主经营型物业管理的分类

自主经营型的物业管理区域一般规模都不大。如果本单位的物业管理部门成为独立的法人单位，这个物业服务企业与原单位（开发商、业主）就应该订立委托物业服务合同，自主经营型也就转换成委托管理型了。

第二节 物业服务企业

物业服务企业是指依法成立、具有独立企业法人地位，依据物业服务合同从事物业管理相关活动的经济实体。这些企业通常被称为物业管理公司。

一、物业服务企业的业务内容

物业服务企业的业务内容包括基本业务、辅助业务及内部业务。物业服务企业具有一业为主、多种经营、微利服务、规模管理的基本特性，这决定了它的业务内容具有广泛性的特点。

1. 物业服务企业的基本业务

物业服务企业的基本业务涉及范围相当广泛，主要包括表 1-3 所示的内容。

表 1-3 物业服务企业的基本业务

序号	业务项目	内容说明
1	前期物业服务	前期物业服务包括从规划设计开始，到物业建设以及物业的销售、租赁活动的管理工作
2	物业的使用管理	物业的使用管理包括建筑物的维修和定期养护，辅助设备的定期检修保养，保证供水、电、热、气以及电梯和消防系统的正常运转，保证道路、污水排放管道畅通无阻
3	环境养护与管理	环境养护与管理包括维护物业整体规划不受破坏，制止乱搭乱建、乱贴乱画等行为；做好物业服务绿化和室外保洁工作；做好防盗、治安保卫工作，维护公共秩序和交通秩序等
4	物业产权户籍管理	物业产权户籍管理包括产权、户籍的登记和确认，以及房屋交换的管理等
5	全方位、多层次的后期服务	全方位、多层次的后期服务包括专项服务及特约服务。专项服务包括房屋装饰、房屋装修、家电维修、代收各种费用等，特约服务包括代卖代租物业、代办票证、代接送小孩入托、代换液化气、代收发信件、介绍工作和家教等

2. 物业服务企业的辅助业务

物业服务企业的辅助业务是指物业服务以外的各种经营活动，如兴办餐饮服务业，开办房屋装饰材料、卫生洁具、家用电器公司等，开设幼儿园、托儿所、门诊部、图书馆、电影院、歌舞厅等场所。物业服务企业可根据自己的特长，开展物业服务以外的服务业务。

3. 物业服务企业的内部业务

物业服务企业的内部业务是指企业内部的管理与协调工作，主要应该抓好表1-4所示的工作。

表1-4 物业服务企业的内部业务

序号	业务项目	内容说明
1	人才的选用与培训	人才是企业之本。企业的竞争最终是人才的竞争。物业服务企业要重视和加强人才管理，就必须做好人才的选拔、培训和使用等各方面工作。特别是人才的培训与再培训，是提升员工专业技能和职业道德水平、提高物业服务水平和服务质量的关键
2	劳动与分配管理	采用聘任制招聘人才，制定合理的劳动定额，明确岗位责任，严肃劳动纪律，确定报酬和奖惩方式，实行报酬与绩效挂钩，能者多劳，多劳多得多奖。这是物业服务企业高效运转和实现目标的重要保障
3	设备维修管理	物业服务企业在对物业进行维修、养护、清洁、检查时，必须配备一整套的仪器设备和专用工具，对这些设备工具也需要进行管理和维护，要做到有专人负责、定期维修保养、严格按照操作要求使用等
4	服务质量管理	物业服务企业要向业主（用户）提供优质服务，首先必须根据合同要求确定质量标准，要培训员工，使他们都达到标准的要求；其次要实行全员质量管理，抓好服务质量的考核与监督，真正做到以优质的服务维护好业主（用户）的切身利益
5	多种经营管理	多种经营管理在物业服务企业中占有很重要的地位。经营得好，不仅能为业主（用户）提供更为丰富的服务内容，而且可弥补物业服务经费的不足，并为企业创造更大的经济效益

二、物业服务企业的权利和义务

1. 物业服务企业的权利

根据《中华人民共和国民法典》（简称《民法典》）第二百八十五条，物业服务企业有权依照与业主的委托合同，对建筑区划内的建筑物及其附属设施进行管理，并接受业主的监督。这意味着物业服务企业有权进行日常的管理、维护和运营工作，并确保物业的正常运行。

物业服务企业有权要求业主遵守物业服务合同，包括支付物业费、遵守物业管理区域内的规章制度等。同时，物业服务企业也有权对违反合同或规章制度的业主采取相应的措施。

物业服务企业在实施管理时，必须制定对小区或大厦等的管理办法，这些办法不能与法律法规和行政规章相悖，而是要在法律的范畴之内制定。如：哪些是物业使用的禁止行为，对限制性行为产生的后果怎样处理；业主（用户）如果要改变住宅的使用性质，物业服务人员如何处理；业主（用户）进行装修时有哪些注意事项；平时如何保持消防设备的良好状态；小区内各种公共设施和管线怎样管理，小区车辆停放、绿化管理等如何处理。这些都要依照相关法律法规制定管理条文。小区的治安管理也一定要纳入社会治安的范畴，要执行行政部门颁布的治安管理条例和规章。

2. 物业服务企业的义务

（1）法律赋予物业服务企业的义务

根据《中华人民共和国民法典》第九百四十二条和第九百四十三条的规定，物业服务企业应承担如下义务：

① 应当按照约定和物业的使用性质，妥善维修、养护、清洁、绿化和经营管理物业服务区域内的业主共有部分，维护物业服务区域内的基本秩序，采取合理措施保护业主的人身、财产安全。

② 对物业服务区域内违反有关治安、环保、消防等法律法规的行为，应当及时采取合理措施制止、向有关行政主管部门报告并协助处理。

③ 应当定期将服务的事项、负责人员、质量要求、收费项目、收费标准、履行情况，以及维修资金使用情况、业主共有部分的经营与收益情况等以合理方式向业主公开并向业主大会、业主委员会报告。

（2）来源于合同的义务

物业服务企业的管理权利和义务主要来源于业主的委托。具体来说，这种委托通常体现在物业服务合同中，该合同由业主或业主委员会与物业管理公司签订，明确规定了双方的权利和义务。

物业服务企业应全面履行合同规定的义务。

① 物业服务合同一经签订，受国家法律保护，合同义务受国家法律监督。如果物业服务企业不全面履行合同规定的义务，就要承担相应的违约责任。

② 不得擅自变更或解除物业服务合同，双方必须信守合同。如果发生新的情况，要经双方协议后重新达成新的合同。任何一方当事人都不得擅自变更或解除合同，也不允许单方拒绝履行或者变更已经订立的物业服务合同。

③ 依法解决物业服务合同中的纠纷。一种是通过协议解决纠纷，另一种是通过有关主管部门的调解解决，也可以向人民法院起诉。

（3）服从政府部门及房地产等有关行政主管部门的监督义务

物业服务企业在提供物业服务的过程中，需要服从政府部门，尤其是房地产等有关行政主管部门的监督，并履行相应的义务。

① 法律依据。根据《物业管理条例》等相关法律法规，物业服务企业必须接受房地产等行政主管部门及其他有关行政管理部门的指导和监督。

这些法律法规规定了物业服务企业的职责、权利、义务以及服务质量标准等，为政府部门对物业服务企业的监督提供了法律依据。

② 监督内容。政府部门对物业服务企业的监督主要包括对其服务质量的监督、对其经营行为的监督以及对物业共用部位、共用设施设备专项维修资金的管理和使用的监督等。

物业服务企业需要定期向房地产等行政主管部门报告物业服务的情况，包括服务质量、费用收支、维修资金使用等关键信息。

③ 履行义务。物业服务企业在接受政府部门监督的过程中，需要履行图 1-3 所示的义务。

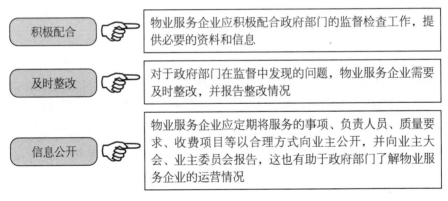

图 1-3　接受政府部门监督的过程中的义务

政府部门对物业服务企业的监督有助于规范物业服务企业的行为，提高服务质量，保障业主的合法权益。同时，这也是推动物业服务行业健康发展的重要举措，有助于提升整个行业的竞争力和服务水平。

三、物业服务企业的机构设置

物业服务企业的内部机构的具体设置，要根据所管理物业的规模和服务管理的目标内容，以及物业服务企业的实际情况来决定。

1. 内部机构设置模式

物业服务企业的内部机构设置一般有以下几种模式。

（1）直线制

直线制是最简单的物业服务企业的组织机构形式，按垂直系统直线指挥，不设专门的职能机构，每个上级可领导若干个下级，每个下级只接受一个上级的领导。其组织机构形式如图1-4所示。直线制的指挥统一、命令统一、权责对应、工作效率高，但对管理者的要求都比较高，要求管理者通晓多种专业知识，并要亲自处理许多具体业务。它一般适用于规模较小的物业服务企业。

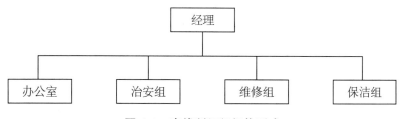

图1-4　直线制组织机构形式

（2）直线职能制

直线职能制是在直线制的基础上发展起来的企业组织机构形式，既有直线指挥系统，又有职能参谋系统。直线指挥系统按隶属关系由上级对下级进行指挥；职能参谋系统作为领导的参谋和助手，对下级没有指挥的权力。其组织机构形式如图1-5所示。直线职能制是目前我国物业服务企业普遍采用的一种组织机构形式，常见的是把企业组织机构分成两级，即企业总部和各物业管理处。

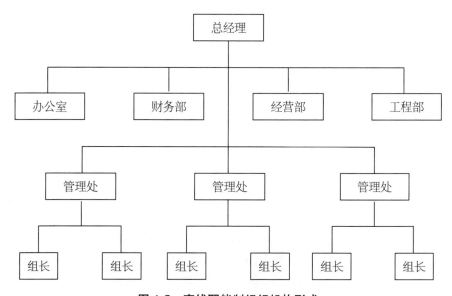

图1-5　直线职能制组织机构形式

（3）分部制

分部制是指规模较大的物业服务企业把那些相对独立的业务部门划分为各个独立的经营单位或分公司，使之独立核算；每个独立的经营单位都是总公司控制之下的利润中心，遵循集中管理、分散经营的原则；公司最高管理层负责重大方针的制定，并掌握影响公司成败的重大问题的决策权，如资金使用、分公司负责人的任免、发展战略的制定等；分公司经理根据总经理的指示，负责分公司的统一管理。其组织机构形式如图1-6所示。

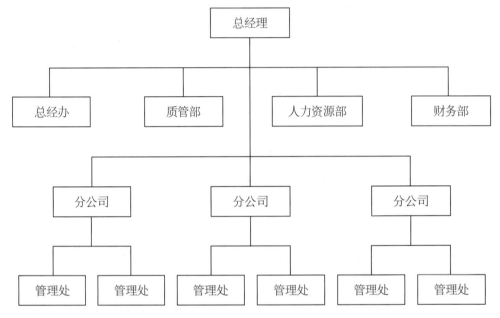

图1-6　分部制组织机构形式

2.物业服务企业的部门设置

按照统一指挥、分级管理的原则和直线职能制组织机构的特点，物业服务企业一般可设置如表1-5所示的部门并对其进行职能划分。

表1-5　物业服务企业部门设置要点

序号	部门	负责事项	设置要点
1	总经理室	（1）总经理室是物业服务企业的行政指挥、调度、决策中心，在实行总经理负责制的企业管理模式下，总经理是最高一级的指挥决策者 （2）总经理对公司负全面的责任，对公司的一切重大问题做出最后决策，负责布置和协调各部门经理的工作	总经理室一般设总经理一名，副总经理若干名。副总经理是总经理的助手，在总经理的领导下全面处理分管工作，遇到重大问题时报请总经理（或经理例会）处理，还要及时报告分管工作、提出重大问题的处理意见、完成总经理（或经理例会）安排的其他工作

续表

序号	部门	负责事项	设置要点
2	办公室	办公室是总经理领导下的综合管理部门，负责行政管理、人事管理、档案文件管理，协调和监督检查公司各部门的工作	尽量精简，减少冗员，实行一岗多能
3	财务部	财务部在总经理的领导下，参与企业的经营管理，做好资金运作的日常工作，负责物业服务费的收缴和支出，做好财会账册、报表及缴纳税费，并经常向总经理室报告公司财务情况	财务部一般设会计、出纳、票据保管等岗位，可采取一人一岗、一人多岗、一岗多人的办法分工负责
4	工程部	工程部是负责物业维修及设备管理的技术管理部门，工作内容包括房屋和设备设施的检验、维修、更新、改造的计划安排和实施管理，外包工程施工单位或设备维保单位的选择，工程维修制度的制定和修改，对管理处工程和设备维修人员的业务指导、技术监督和专业培训等	一般由房屋工程、电气工程、给水排水工程等方面的中、高级技术人员组成，可按专业设组
5	市场发展部	市场发展部是专职于物业管理业务开发的部门，主要职责是确定目标、选择物业、进行投标、参与市场竞争	根据企业规模与发展目标来确定
6	物业管理处	物业管理处是物业服务企业的派出机构，是物业服务项目的现场办事机构，负责提供日常的物业服务	可以根据受托管理物业的规模和管理实际的需要来设立相应的管理机构，如客户服务部、保安队、保洁部、绿化部、维修部等

当然，在具体进行部门设置时，一定要考虑物业服务企业的实际情况，不应拘泥于表1-5所述各部门，比如，有的公司不设办公室，而是分设行政、人力资源部门来分管行政、人事工作。

 实例1

某大型物业公司组织架构如下图所示。

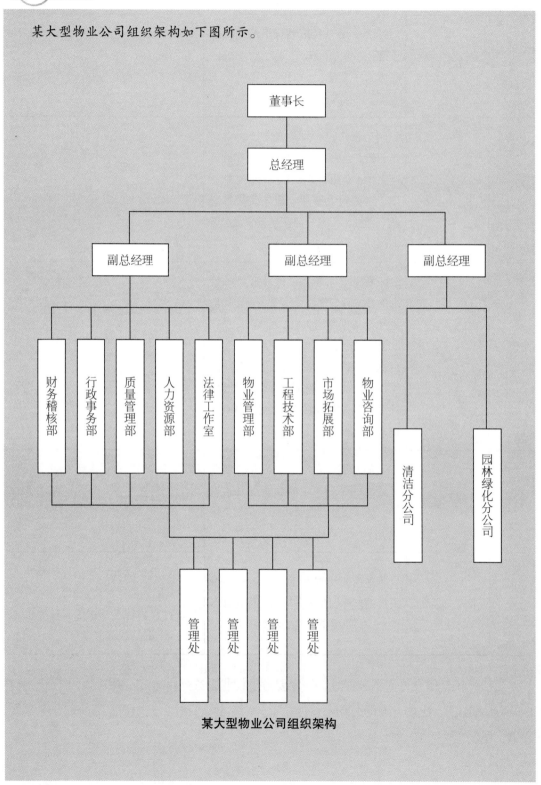

某大型物业公司组织架构

 **实例2**

某中型物业公司组织架构如下图所示。

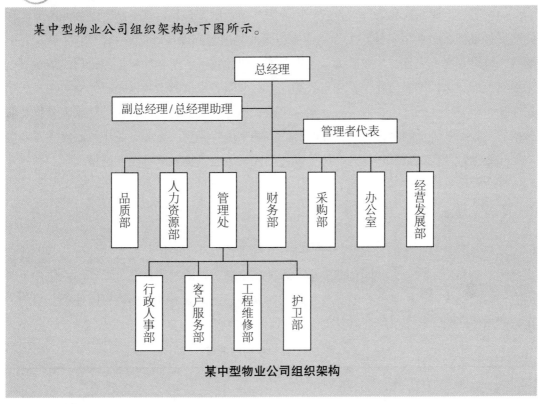

某中型物业公司组织架构

 **实例3**

某小型物业公司组织架构如下图所示。

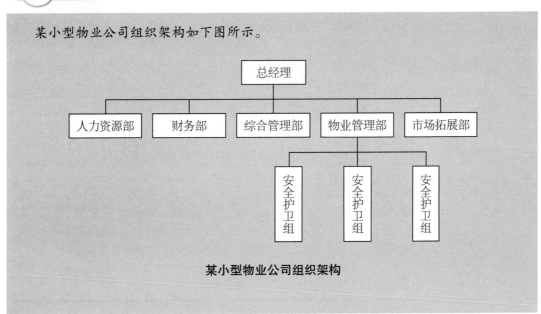

某小型物业公司组织架构

四、物业服务企业的自我管理

物业服务企业的自我管理首先应从物业服务规章制度开始。规章制度是物业服务工作的依据和准绳,对业主(用户)和物业服务企业均能起到保护和制约的作用。随着法律、法规、政策等逐步完善,物业服务企业更要通过建立完善、严密、科学、合理的规章制度来参与市场竞争,加强自我保护和自我制约。物业服务规章制度应以政府的有关法规、条例和物业服务企业确定的企业宗旨、经营范围和承担的义务为依据,在借鉴国内外物业服务成功经验的基础上制定,并在物业服务的实践中逐步完善。物业服务规章制度除了业主规约和业主管理委员会章程以外,还可以包括住户手册、物业服务企业岗位责任制和物业辖区综合管理规则等。

1.住户手册

住户手册是物业服务企业发给每户的一本关乎行为准则的指导性文件,旨在帮助住户更好地了解和使用物业,共同创造安全、方便、宁静、舒适的工作和生活环境。住户手册具有一定的约束力,可加强企业与住户之间的联系,发挥双方的积极性,以便给业主创造良好的居住环境。住户手册通常包含表1-6所示的内容。

表1-6 住户手册的内容

序号	内容	内容说明
1	欢迎辞与物业公司简介	(1)欢迎辞:向新入住的业主表示欢迎,并简要介绍物业公司的服务理念和服务宗旨 (2)物业公司简介:介绍物业公司的背景、资质、服务范围以及所获得的荣誉等
2	小区概况与配套设施	(1)小区概况:描述小区的基本情况,如占地面积、建筑面积、建筑类型、绿化面积等 (2)配套设施:详细介绍小区内的各种配套设施,如停车场、会所、游泳池、儿童游乐场、健身设施等
3	入住须知与装修规定	(1)入住须知:包括入住前的准备工作、入住时的注意事项以及入住后的相关手续等 (2)装修规定:明确装修流程、装修时间限制、装修材料要求以及装修期间的安全管理等
4	物业服务内容	(1)秩序维护服务:介绍物业公司在小区秩序维护方面的职责,如协助消防部门做好消防工作、协助公安部门维护小区公共区域的秩序等 (2)工程维修服务:说明物业公司在房屋共用设施设备的运行和维护方面的职责,包括上下水管道、电梯、供电线路等的维修和保养 (3)清洁与绿化服务:介绍小区公共区域的清洁与绿化服务,如定时清运生活垃圾、定期除"四害"、绿化养护等

续表

序号	内容	内容说明
5	物业服务收费	（1）收费标准：列出各项物业服务的收费标准，包括物业费、停车费、装修押金等 （2）缴费方式：说明缴费的具体方式和时间要求
6	共用设施与房屋用途限制	（1）共用设施：介绍小区内的共用设施及其使用方法，如电梯、消防栓、监控摄像头等 （2）房屋用途限制：明确房屋的使用用途限制，如禁止改变房屋结构、禁止用于商业经营等
7	搬迁管理与投诉和建议	（1）搬迁管理：提供搬迁时的注意事项和流程，如提前通知物业服务中心、预留电梯和装卸区域等 （2）投诉和建议：说明投诉和建议的渠道和方式，鼓励住户积极提出意见和建议，以便物业公司不断提升服务质量
8	其他信息	（1）常用电话号码：列出物业服务中心的常用电话号码，方便住户随时联系 （2）温馨提示：提供一些实用的生活小贴士和注意事项，如节约用水用电、注意防火防盗等

2. 物业服务企业岗位责任制

物业服务企业岗位责任制是彰显物业服务企业自律性的规章制度。它规定了物业服务企业内部各职能部门和各类人员的职责范围，包括领导制度（董事会职责、总经理职责）、职能制度（办公室职责、开发部职责、财务部职责、业务管理部职责、工程部职责、经营服务部职责）、岗位制度（管理人员岗位责任、工人岗位责任）。物业服务企业岗位责任制的贯彻执行，既能体现企业的素质，又能为业主提供优质服务，创造幽雅、舒适、方便、卫生、安全的工作和生活环境。

3. 物业辖区综合管理规则

物业辖区综合管理规则是一组综合性管理文件，也是各专业管理的依据。制定该规则的目的是加强对物业辖区内的房屋、市政、卫生、绿化、交通、治安、环境秩序和市场等的综合管理，使物业辖区内有一个良好的工作和生活环境，为此物业辖区内所有人员，无论是物业服务人员还是业主，都必须共同遵守该规则。

物业辖区综合管理规则可以包括以下几个方面：

① 房屋管理规则。
② 装修施工管理规则。
③ 市政共用设施管理规则。

④ 环境卫生管理规则。
⑤ 绿化管理规则。
⑥ 门禁出入管理规则。
⑦ 交通管理规则。
⑧ 停车场管理规则。
⑨ 治安管理规则。
⑩ 市场管理规则。

五、与其他相关部门协调关系

物业服务企业开展的各类服务工作都离不开政府各个主管部门的领导和帮助，也离不开各专业管理企业的大力支持，否则物业服务企业将一事无成，因此必须正确处理好各类关系。

1. 与政府行政主管部门的关系

行政管理是政府通过街道办事处、公安、规划、城建、市场监督、税务等行政管理部门对小区内的居民和单位实施的管理活动，包括街道办事处的民政、征兵、计划生育、侨务工作，公安部门的社会治安、户籍管理、交通管理工作，规划和城建部门的城市规划管理和工程质量管理工作，市场监督和税务部门对经济活动的管理工作等，其主要任务是贯彻执行政府的政策、法令和各种法规，其权力来源于政府的行政权。

物业服务则是企业受小区代表机构（如小区管委会或业主委员会）委托和授权，对小区内产权人共同拥有产权（或使用权）的公共场所、公共设备和所有公共配套设施实施专业化有效管理，同时提供多层次的社区公共服务和家庭服务。物业服务企业的管理权力来源于产权人、住户和单位的授予。

虽然行政管理与物业服务是两个不同的概念，但物业服务企业作为企业法人，在其经济活动中应当接受国家财政、市场监督管理、税务等行政主管部门的管理；在其专业管理活动中，应当接受建设、房地产、公安、绿化、环卫等专业管理部门的业务指导和监督。

总之，物业所在地政府部门对物业服务企业有监督和指导的职责，物业服务企业应接受其指导。但政府部门不直接介入物业服务过程中具体的业务工作，其管理是一种间接管理。

2. 与属地街道办事处（或居委会）的关系

街道办事处作为政府部门的派出机构，在物业所在地行使政府的管理职能。这主要包括统筹规划、掌握政策、信息引导、组织协调、提供服务、检查监督，但街道办事处不代替物业服务企业实施具体的管理和为社区全体住户提供生活服务。在与属地街道办事处

（或居委会）的关系处理上，行政管理部门与物业服务机构应保持密切的联系，互相配合，互相支持，构成高效、优质的社区物业服务系统。例如，街道办事处和居委会可以派人员参加管理处的例会，及时了解物业服务的情况，通过宣传和教育使居民、单位支持物业服务工作；公安派出所根据小区管理处开出的产权人、住户签妥的物业服务协议的证明，予以办理户口迁入手续，并负责小区保安队伍的业务指导，使得小区内治安稳定。

3. 与专业管理企业（公司）的关系

一个顺应时代潮流的物业服务企业通常人员少，队伍精干，社会化、专业性强。一般由公司主要领导、各专业管理部门的技术骨干组成管理型物业服务企业。具体的管理操作如保安、清洁、绿化等通过合同形式交由社会上的专业化公司承担，一切按经济合同办事。专业服务公司就是为物业服务工作提供配套服务的专门机构。专业服务公司的设立，可以使劳动资源和自然资源实现共享，是物业服务发展的方向。此时，物业服务企业是业主（用户）的总管家。因此在选择这些专业管理企业签订合同时，一定要代表广大业主（用户）的利益。要符合住宅小区管委会所制定的各项规章制度，并在合同执行期内，代表业主（用户）根据合同中所规定的内容、要求进行对照、检查，从而保证各项工作能真正落到实处。

第三节 业主及业主委员会

一、业主的权利和义务

1. 业主的权利

《物业管理条例》规定的业主权利：
① 按照物业服务合同的约定，接受物业管理企业提供的服务。
② 提议召开业主大会会议，并就物业管理的有关事项提出建议。
③ 提出制定和修改管理规约、业主大会议事规则的建议。
④ 参加业主大会会议，行使投票权。
⑤ 选举业主委员会委员，并享有被选举权。
⑥ 监督业主委员会的工作。
⑦ 监督物业服务企业履行物业服务合同。
⑧ 对物业共用部位、共用设施设备和相关场地使用情况享有知情权和监督权。
⑨ 监督物业共用部位、共用设施设备专项维修资金的管理和使用。
⑩ 法律、法规规定的其他权利。

《民法典》规定的业主权利：

① 业主对其建筑物专有部分享有占有、使用、收益和处分的权利。业主行使权利不得危及建筑物的安全，不得损害其他业主的合法权益。

② 业主对建筑物专有部分以外的共有部分，享有权利，承担义务；不得以放弃权利为由不履行义务，且业主转让建筑物内的住宅、经营性用房，其对共有部分享有的共有和共同管理的权利一并转让。

③ 建筑区划内的道路，属于业主共有，但属于城镇公共道路的除外；建筑区划内的绿地，属于业主共有，但属于城镇公共绿地或者明示属于个人的除外；建筑区划内的其他公共场所、公用设施和物业服务用房，属于业主共有。

④ 建筑区划内，规划用于停放汽车的车位、车库的归属，由当事人通过出售、附赠或者出租等方式约定，占用业主共有的道路或者其他场地用于停放汽车的车位，属于业主共有。

⑤ 业主可以设立业主大会，选举业主委员会。地方人民政府有关部门、居民委员会应当对设立业主大会和选举业主委员会给予指导和协助。

⑥ 业主依照法定程序共同决定解聘物业服务人的，可以解除物业服务合同。

2. 业主的义务

《物业管理条例》规定的业主义务：

① 遵守管理规约、业主大会议事规则。

② 遵守物业管理区域内物业共用部位和共用设施设备的使用、公共秩序和环境卫生的维护等方面的规章制度。

③ 执行业主大会的决定和业主大会授权业主委员会作出的决定。

④ 按照国家有关规定交纳专项维修资金。

⑤ 按时交纳物业服务费用。

⑥ 法律、法规规定的其他义务。

《民法典》规定的业主义务：

① 遵守法律、法规以及管理规约，相关行为应当符合节约资源、保护生态环境的要求。

② 对于物业服务企业或者其他管理人执行政府依法实施的应急处置措施和其他管理措施，业主应当依法予以配合。

③ 不得实施任意弃置垃圾、排放污染物或者噪声、违反规定饲养动物、违章搭建、侵占通道、拒付物业费等损害他人合法权益的行为。

④ 按照约定向物业服务人支付物业费。

二、业主大会及其职责

1.首次业主大会的召开条件

《民法典》虽未对首次业主大会召开条件作出具体细致的规定,但明确了业主大会、业主委员会成立的具体条件和程序。在实际操作中,各地应依据相关法律法规制定细则,常见的条件如表 1-7 所示。

表 1-7　首次业主大会的召开条件

序号	条件	条件说明
1	建筑面积达标	物业管理区域内,房屋出售并交付使用的建筑面积达到建筑物总面积 50% 以上。例如,某新建小区总建筑面积为 10 万平方米,当出售并交付使用的面积达到 5 万平方米及以上时,即可满足此条件。这一条件旨在确保小区内有足够数量的业主入住,从而保障业主大会能充分反映多数业主的意愿和利益
2	交付时间与建筑面积达标	首套房屋出售并交付满 2 年,且房屋出售并交付的建筑面积达到物业服务区域建筑物总面积 20% 以上。假设小区首套房屋出售并交付已满 2 年,此时出售并交付的建筑面积达到小区总面积 20% 及以上,即可达到该条件要求。设定交付时间限制,是为了保证业主在小区内有一定的居住体验,对小区的物业管理情况有更切实的感受,以便在业主大会中能更好地参与决策
3	交付户数达标	交付使用的户数达到总户数 50% 以上。比如小区共有 500 户业主,当交付使用的户数达到 250 户及以上时,即可符合此条件。交付户数达标从业主数量角度考量,确保参与业主大会的业主具有广泛代表性
4	特殊情况	交付使用的物业专有部分建筑面积达到建筑物总面积 30% 以上,且首期交付的物业专有部分交付使用时间满两年。这种特殊情况综合考虑了建筑面积和交付时间,在一些具有特殊建设进度或入住情况的小区中适用

满足上述条件之一,即可启动首次业主大会的筹备工作。建设单位应在符合条件时向乡镇人民政府或街道办事处提出书面报告;若建设单位未提出,业主可以向上述政府机关提出书面请求。

2.首次业主大会的筹备

(1)筹备主体

满足召开首次业主大会的条件后,通常由建设单位牵头,在接到相关报告或请求的乡镇人民政府、街道办事处指导下,组织成立首次业主大会会议筹备组。若建设单位不履行相关职责,业主可自行向乡镇人民政府、街道办事处申请,由其指定业主代表作为筹备组组长,组织成立筹备组。

（2）筹备组组成

筹备组一般由业主代表、建设单位代表、街道办事处、居民委员会代表等组成。其中，业主代表由业主推荐产生，人数应不少于筹备组总人数的一半，且要保证筹备组中不同物业类型、不同楼层、不同户型等业主的代表性，确保筹备工作能充分反映广大业主的意愿。

（3）筹备工作内容

筹备工作内容如图1-7所示。

内容一　确定会议时间、地点和形式

综合考虑业主的工作时间、居住分布等因素，选择合适的时间，如节假日或周末；地点可选择在小区内的公共活动场所；形式可根据实际情况选择现场会议、书面征求意见或者两者结合的方式

内容二　拟定会议议程和草案

议程包括筹备组工作报告、业主大会议事规则草案、管理规约草案、业主委员会选举办法草案等内容的审议和表决。这些报告和草案要符合法律法规要求，同时结合小区实际情况，保障业主的合法权益

内容三　确认业主身份和投票权数

通过查阅房屋产权登记资料、购房合同等，准确确认业主身份。根据相关规定，按照专有部分建筑面积和业主人数确定投票权数，为后续的投票表决奠定基础

内容四　组织推荐业主委员会候选人

发布候选人推荐通知，明确候选人的资格条件，如具有完全民事行为能力、遵守法律法规和管理规约、热心公益事业等。业主可自行推荐或联名推荐候选人，筹备组对候选人进行资格审查，确定正式候选人名单并公示

图1-7　首次业主大会筹备工作内容

3.业主大会的职责

在物业管理中，业主大会起着核心作用。《民法典》明确规定了业主大会的职责，主要围绕物业管理区域内的共同事务决策展开，具体如表1-8所示。

表 1-8 业主大会的职责

序号	职责	法律依据
1	制定和修改规则	制定和修改业主大会议事规则（《民法典》第二百七十八条第一项）；制定和修改管理规约（《民法典》第二百七十八条第二项）
2	选举或更换委员会成员	选举业主委员会或者更换业主委员会成员（《民法典》第二百七十八条第三项）
3	物业服务企业的选聘和解聘	选聘和解聘物业服务企业或者其他管理人（《民法典》第二百七十八条第四项）
4	资金相关事项	使用建筑物及其附属设施的维修资金（《民法典》第二百七十八条第五项）；筹集建筑物及其附属设施的维修资金（《民法典》第二百七十八条第六项）
5	建筑与设施相关事项	改建、重建建筑物及其附属设施（《民法典》第二百七十八条第七项）；改变共有部分的用途或利用共有部分从事经营活动（《民法典》第二百七十八条第八项）
6	其他重大事项	有关共有和共同管理权利的其他重大事项（《民法典》第二百七十八条第九项）

4. 业主大会决策的表决规则

业主大会决策遵循严格的表决规则，需由专有部分面积占比三分之二以上且人数占比三分之二以上的业主参与表决。其中，筹集维修资金、改建或重建建筑物及其附属设施、改变共有部分用途等重大事项，需经参与表决专有部分面积四分之三以上且参与表决人数四分之三以上的业主同意；其他事项则需经参与表决专有部分面积过半数且参与表决人数过半数的业主同意（《民法典》第二百七十八条）。

5. 业主大会的会议类型

根据《物业管理条例》第十三条，业主大会会议分为定期会议和临时会议。定期会议按业主大会议事规则的规定召开，经20%以上的业主提议，业主委员会应组织召开业主大会临时会议。

6. 业主投票权的确定

在物业管理活动里，业主大会的决策对全体业主的权益有着深远影响，而业主投票权是业主大会决策的关键要素。《民法典》主要通过第二百七十八条等相关条款，对业主投票权进行了明确规范。

（1）业主共同决定事项的表决参与门槛

《民法典》第二百七十八条第二款规定："业主共同决定事项，应当由专有部分面积占比三分之二以上的业主且人数占比三分之二以上的业主参与表决。"这一规定设定了业主

大会决策的参与底线,确保决策能够代表大多数业主的意愿。比如:

某小区共有1000户业主,专有部分总面积为10万平方米。若要共同决定某项事务,至少需要667户业主(人数占比三分之二以上)参与表决,且这些参与表决业主的专有部分面积之和要达到6.67万平方米以上(面积占比三分之二以上)。

只有满足这个参与门槛,后续的表决结果才可能具备合法性和有效性,防止少数业主擅自决定小区重大事务,保障全体业主对小区事务的参与权。

(2)不同事项的表决同意比例要求

① 重大事项。对于筹集建筑物及其附属设施的维修资金、改建或重建建筑物及其附属设施、改变共有部分的用途或者利用共有部分从事经营活动等重大事项,"应当经参与表决专有部分面积四分之三以上的业主且参与表决人数四分之三以上的业主同意"。例如:

在筹集维修资金时,假设参与表决的业主有700户,其专有部分面积总计7万平方米。那么,要使筹集维修资金的决议通过,至少需要525户业主(参与表决人数四分之三以上)同意,且这些同意业主的专有部分面积之和要达到5.25万平方米以上(参与表决专有部分面积四分之三以上)。

这些重大事项关乎小区的长期发展和业主的重大利益,设置较高的同意比例,是为了充分保障业主权益,避免仓促决策带来的不利影响。

② 其他事项。除上述重大事项外,其他事项"应当经参与表决专有部分面积过半数的业主且参与表决人数过半数的业主同意"。比如:

选举业主委员会成员时,若参与表决的业主有550户,专有部分面积共计5.5万平方米,那么只要有276户以上业主(参与表决人数过半数)同意,且这些同意业主的专有部分面积之和达到2.76万平方米以上(参与表决专有部分面积过半数),选举结果即为有效。

这一规定在保障大多数业主意愿的同时,也提高了决策的效率,使业主大会能够对一般性事务及时做出决策。

(3)业主人数和专有部分面积的认定

① 业主人数认定。虽然《民法典》本身没有直接对业主人数的认定作出详细规定,但依据《最高人民法院关于审理建筑物区分所有权纠纷案件适用法律若干问题的解释》第九条规定,"业主人数可以按照专有部分的数量计算,一个专有部分按一人计算。但建设单位尚未出售和虽已出售但尚未交付的部分,以及同一买受人拥有一个以上专有部分的,按一人计算"。例如:

某小区有1200套房屋,其中建设单位有80套未出售,30套已售未交付,还有20位业主分别拥有2套房屋。在计算业主人数时,建设单位未售和已售未交付的房屋以及拥有多套房屋的业主特殊情况均按一人计算，从而准确确定参与表决的业主人数。

② 专有部分面积认定。同样，《民法典》未直接阐述专有部分面积的认定方式，参考《最高人民法院关于审理建筑物区分所有权纠纷案件适用法律若干问题的解释》第八条，"专有部分面积可以按照不动产登记簿记载的面积计算；尚未进行物权登记的，暂按测绘机构的实测面积计算；尚未进行实测的，暂按房屋买卖合同记载的面积计算"。

假设小区内一套房屋已办理不动产登记，登记簿记载面积为120平方米，其专有部分面积即为120平方米；若另一套房屋还未进行物权登记，但已由测绘机构实测为115平方米，就暂按115平方米计算其专有部分面积。

建筑物总面积则按照上述各专有部分面积的统计总和计算。准确认定专有部分面积，是确保业主投票权数准确计算的基础，直接关系到业主大会表决结果的公正性和合法性。

（4）投票权行使的特殊情况

① 共有产权情况。一个专有部分有两个以上所有权人的，"应当推选一人行使表决权，但共有人所代表的业主人数为一人"。例如：

一套房屋由父子二人共同所有，在业主大会投票时，需推选一人进行表决，不过这父子二人只算一个业主人数，避免因共有产权导致投票权的不合理扩大。

② 特殊行为能力业主。当业主为无民事行为能力人或者限制民事行为能力人时，"由其法定监护人行使投票权"，以保障这部分特殊业主在业主大会决策中的合法权益，确保他们的意愿能够通过法定监护人得以表达和实现。

三、业主委员会

在物业管理活动中，业主委员会作为业主自治管理的重要组成部分，在维护业主权益、协调物业管理事务等方面发挥着关键作用。《民法典》及相关法规对业主委员会作出了一系列规定，明确了其性质、产生机制、职责与权力等关键要素。

1. 业主委员会的性质与定位

业主委员会是由物业管理区域内业主大会选举产生的执行机构，代表业主利益，执行业主大会的决定和决议，向业主大会负责并报告工作，受业主、业主大会监督。它是沟通业主和物业服务企业的桥梁，是全体业主集中意志的代表者，整合广大业主的共同意愿，维护广大业主的合法权益。

2. 业主委员会的职责

业主委员会的职责如图1-8所示。

职责	内容
执行大会决议	执行业主大会的决定和决议，确保业主大会的决策得以有效落实
召集会议与报告	召集业主大会会议，定期向业主大会报告工作，并在物业区域内显著位置公布书面报告，接受业主询问，保障业主的知情权
签订服务合同	根据业主大会决定，代表业主与业主大会选聘或者续聘的物业服务企业签订物业服务合同，明确双方权利和义务
监督与协调	及时了解业主、物业使用人的意见和建议，监督物业服务企业履行物业服务合同，协调处理物业服务活动中的相关问题，维护业主合法权益
督促与调解	督促业主、物业使用人遵守业主公约或者管理规约，调解因物业使用、维护和管理产生的纠纷，促进小区和谐稳定
资金管理	组织、监督住宅专项维修资金的筹集和使用，确保资金合理使用，保障小区设施设备的正常维修和维护
配合相关工作	配合街道办事处、乡镇人民政府、居（村）民委员会、公安机关等做好物业区域内的社会治安、社区建设和公益宣传等工作，推动小区整体发展

图1-8　业主委员会的职责

3.业主委员会的权利

业主委员会的权利如图1-9所示。

权利	内容
代表签约权	代表业主与业主大会选聘的物业服务企业签订物业服务合同，选择合适的物业服务方
监督执行权	监督物业服务企业履行物业服务合同，监督物业管理区域内管理规约的实施，督促业主交纳物业服务费及其他相关费用，监督专项维修资金的筹集和使用情况，确保物业管理活动规范有序
维权请求权	对业主及业主代表的名册、物业服务合同、专项维修资金筹集及使用等资料建立档案并妥善保管。对业主做出的违反管理规约及其他侵害小区公共权益的行为，如任意弃置垃圾、排放污染物或者噪声、违反规定饲养动物、违章搭建、侵占通道、拒付物业费等损害他人合法权益的行为，有权依照法律、法规以及管理规约，请求行为人停止侵害、排除妨碍、消除危险、恢复原状、赔偿损失

图1-9　业主委员会的权利

4.业主委员会的产生机制

（1）发起条件

根据相关规定，20%以上业主可联名书面申请（含房号+身份证号），向街道办事处、物业所在地房地产行政主管部门等提出成立业主委员会和业主大会的书面申请。街道办事处在收到申请后协调组建筹备组。

（2）筹备组组成

筹备组人数应为单数，一般由5至15人的业主代表、建设单位代表、街道办事处、乡镇人民政府代表和居民委员会代表组成。确定筹备组成员名单后，需在物业管理区域内以书面形式公示、公告，无异议后筹备小组正式成立。

（3）筹备工作内容

筹备组自组成之日起90日内需完成多项筹备工作，包括制定首次业主大会召开的议事方式和表决程序、草拟管理规约和业主大会议事规则、确定业主委员会委员候选人产生办法和候选人名单、制定业主委员会选举办法等。确定候选人名单后，要在召开业主大会前15日以书面形式在物业管理区域内公示。

（4）正式选举

召开业主大会会议，由专有部分面积占建筑物总面积三分之二以上的业主且人数占总人数三分之二以上的业主参与表决，选举产生由5至11人单数组成的业主委员会。

（5）办理备案手续

业主委员会从选举之日开始7日内召开首次会议，确定主任和副主任，选举产生开始30日内，需向物业所在地的区、县人民政府房地产行政主管部门和街道办事处、乡镇人民政府办理备案手续。

5.业主委员会的运行与监督机制

（1）会议机制

①业主委员会会议应按照业主大会议事规则的规定及业主大会的决定召开，或有三分之一以上委员提议时召开。

②业主委员会会议需在7日内召开，召开7日前需在物业管理区域内公告会议的内容和议程，听取业主意见和建议。

③业主委员会会议应有过半数的委员出席，经全体委员半数以上同意，作出的决定方为有效，会议由主任召集和主持，主任不能履行职责，可委托副主任召集，委员不能委托代理人参加会议，会议作出的决定需有参会委员的签字确认，自作出决定之日起3日内在物业管理区域内公告。

（2）档案与印章管理

业主委员会应以书面形式妥善保存会议记录，建立及保存业主大会议事规则和管理规约、业主委员会选举及备案资料、业主大会和业主委员会的会议记录与决定、业主及业主代表的名册、业主的意见和建议、物业服务合同、专项维修资金筹集及使用账目等工作档案,并建立印章管理规定,指定专人保管印章。

(3)经费管理

工作经费的筹集、管理和使用办法由业主大会决定,经费可通过业主分摊和物业共有部分经营所得收益中列支等方式由全体业主承担,经费收支情况应当定期公告并接受业主监督。

(4)业主委员会换届

① 换届时间。业主委员会委员实行任期制,每届任期最长不超过5年,应在任期届满前3个月召开业主大会会议进行换届选举,并向区、县房地产行政主管部门和街道办事处、乡镇人民政府报告。

② 换届流程。换届流程与首届业主委员会的成立步骤基本相同,但换届时无需重新制定业主大会议事规则和业主规约。

(5)监督指导

业主委员会应配合居民委员和公安机构依法做好维护物业管理区域内的社会治安等工作,并接受物业所在地的区、县人民政府房地产行政主管部门以及街道办事处、乡镇人民政府等部门单位的监督指导。若业主委员会作出违反法律、法规的决定,房地产行政主管部门或者街道办事处、乡镇人民政府,应当责令其限期改正,或者撤销决定,并向全体业主通告。同时,业主对业主委员会的工作拥有监督权利。

6. 业主委员会委员的条件及变更

(1)业主委员会委员的条件

担任业主委员会委员应当符合图1-10所示的条件。

- 本物业管理区域内具有完全民事行为能力的业主
- 遵守国家有关法律、法规
- 遵守业主大会议事规则、业主规约,很好地履行业主义务
- 热心公益事业,责任心强,公正廉洁,具有社会公信力
- 具有一定的组织能力
- 具备必要的工作时间

图1-10 担任业主委员会委员的条件

（2）业主委员会委员的变更

因各种原因，有时需要对业主委员会成员进行变更。经业主委员会或者20%以上业主提议，认为有必要变更业主委员会委员的，由业主大会作出决定，并以书面形式在物业管理区域内公告。

业主委员会委员有图1-11所列情形之一的，经业主大会通过，其业主委员会委员资格终止。

图1-11 业主委员会委员资格终止的条件

业主委员会委员资格终止的，应当自终止之日起3日内将其保管的档案资料、印章及其他属于业主大会所有的财物移交给业主委员会。

因物业管理区域发生变更等原因导致业主大会解散的，在解散前，业主大会、业主委员会应当在区、县人民政府房地产行政主管部门和街道办事处（乡镇人民政府）的指导监督下，做好业主共同财产清算工作。

第二章
物业日常运营管理

第一节　物业环境管理

物业环境管理就是物业服务企业按照物业服务合同约定，对所管辖区域的物业环境进行管理的活动。其主要内容为物业保洁管理、绿化管理、环境监测与污染防治，其目的是创造洁净、整齐的卫生环境以及清新、绿色的美好环境。

一、物业保洁管理

1.保洁的范围

不同的物业，保洁的范围可能不一样，但总体而言，包括表2-1所示的几个方面。

表2-1　保洁的范围

序号	范围	具体说明
1	公共地方的保洁	即清扫保洁物业区域内，楼宇四周平面上的公共区域，包括道路、广场、空地、绿地等
2	共用部位的保洁	即清扫楼宇底层到顶层屋面上下空间的共用部位，包括楼梯、走道、电梯间、大厅、平台、外墙面等
3	生活垃圾的处理	即日常生活垃圾（包括装修垃圾）的分类收集和协助清运。要求和督促住户按规定的地点、时间和要求，将日常生活垃圾倒入专用容器或者送去指定的垃圾收集点，不得擅自乱倒和随意乱丢

2.物业保洁管理标准

（1）做到"五定"

清洁卫生工作要做到图2-1所示的"五定"。保洁部要在小区内所有应清扫保洁的地方设有专人负责清扫保洁工作，明确保洁人员的具体任务、工作时间，以及应达到的质量标准等。

图2-1　保洁"五定"要求

（2）做到"七净""六无"

"七净"是指在物业管理区域内做到路面净、路沿净、人行道净、雨（污）水井口净、树根净、电线杆净、墙根净。"六无"是指在物业管理区域内做到无垃圾污物、无人畜粪便、无砖瓦石块、无碎纸皮核、无明显粪迹和浮土、无污水脏物等。

（3）垃圾清运及时，当日垃圾当日清除

要采用合适的位置设置垃圾桶，使用袋装垃圾的方法集中收集垃圾。

3. 物业保洁的关键控制点

（1）设置班组

保洁管理工作由保洁部执行，其班组根据所管辖物业的类型、布局、面积以及清洁对象的不同而灵活设置。对于一个规模较大的物业项目来说，其保洁部一般分设3个班组：楼宇保洁服务班、公共区域保洁班、高空外墙保洁班。

（2）制定保洁管理制度

科学完善的保洁管理制度是保洁卫生工作顺利进行的有力保证。物业服务企业应在有关法律法规的基础上，制定保洁管理工作的规章制度，如清洁卫生操作标准、岗位职责、员工服务规范、保洁设备领用制度等。

（3）制订保洁工作计划

保洁工作计划是具体实施保洁管理的主要依据。因此，保洁工作计划应明确每日、每周、每月工作的安排（如表2-2所示），以便实施和检查。

表2-2 保洁工作计划

序号	计划时段	工作内容
1	每日保洁	管辖区域内道路（含人行道）清扫两次，整日清扫；管辖区域内绿化带（含草地、花木灌丛、建筑小品等）清扫一次；各楼宇电梯间、地板拖扫两次，墙身清抹一次；楼宇各层楼梯及走廊清扫一次，楼梯扶手擦洗一次；收集用户生活垃圾，清扫垃圾箱内的垃圾等
2	每周保洁	高层楼宇的各层公共走廊拖洗一次；业主信箱清抹一次；天台、天井清扫一次等
3	每月保洁	天花板灰尘和蜘蛛网清扫一次；高层楼宇各层的共用玻璃窗擦拭一次；公共走廊及住宅区内的路灯罩清擦一次等

（4）抓好卫生设施建设

保洁部要搞好环境卫生管理工作，必须配备相应的卫生设施，这些设施包括图2-2所示的内容。

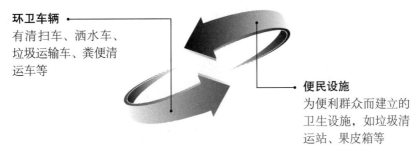

图 2-2 应配备的卫生设施

（5）加强环境卫生的宣传教育

良好的环境卫生，既需要保洁部的管理、打扫，也需要业户的保持和配合。因此，物业服务企业应通过宣传和教育，提高住户的文明程度，使住户自觉遵守有关规定，配合物业保洁部搞好保洁卫生管理工作。

二、绿化管理

绿化养护是物业管理工作中不可或缺的一部分，做好绿化养护不仅能够创造优美的周边环境，也能够有效地节省绿植采购成本。

1.建立完善的管理机制

为了将物业绿化管理做好，物业服务企业必须建立一套完善的管理机制，包括完善的员工培训机制，如员工入职培训、技能培训、管理意识培训，完善的工作制度、奖惩制度及标准等。另外，物业绿化管理并非单纯是物业服务企业的事，业户的维护与保养也是很重要的，所以，物业服务企业宜在业户入伙之初，与之签订《小区环保公约》，以此作为约束。

2.建立完善的质量管理系统

为了保证管理质量，物业服务企业应建立完善科学的质量管理系统，包括操作过程的质量控制方法、检查及监控机制、工作记录等。

物业服务企业可在园林绿化管理上导入 ISO 9001 体系，建立完善的日检、周检、月检、季检及年检制度，对检查结果记录存档，以便对管理中出现的问题进行系统分析并采取有效整改措施，将检查结果与员工及分包商的绩效考评挂钩，从而实现对员工及分包商的有效控制，推动绿化管理的质量管理科学化，保证物业绿化管理的质量。

3.制定科学合理的操作规程

操作规程是规定操作者在做某一件事时必须遵循的操作方法与步骤。由于绿化管理受天气等外界环境影响较大，在不同的天气条件下做同一件事的方法与步骤会有所不同。所以，物业服务企业在组织人员制定操作规程时必须充分考虑各种因素，把各项操作方法与步骤充分量化、标准化，使员工易于明白与接受。

4. 加强整体规划及设计

当前，土地资源越来越宝贵，所以在住宅小区中，绿化面积也是非常有限的。所以，物业服务企业在对小区进行绿化管理的过程中，应当做好并加强整体的设计与规划，从而在有限的空间中大大提升园林的绿化空间效果。具体要求如图2-3所示。

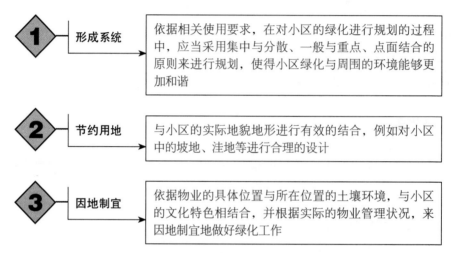

图2-3　小区绿化整体规划及设计要求

5. 提升园林营造水平

① 具体设计要求。在整体上，要将美观与功能有效结合，将经济、适用、美观有效结合；在绿地的布置方面，应当做好遮阴、防火以及降温等工作，对于需要重点美化的部位，应当将绿地布置在比较引人注目的地方，对于住宅小区来说，可以设置在出入口的地方；在植物的搭配、选择方面，应当对绿地的功能进行完善，使其可以与住宅建筑的色彩、风格相协调。

② 优化树木品种选择。为了能够将绿化的功能充分发挥出来，在实际的工作中，应当对树木进行合理的选择，由于树木的生长周期比较长，如果在选择的过程中不加以注意的话，就会对绿化效果产生很大的影响。

比如，在水池边，应当选择落叶较少的花木；在园路边，应当选择速生、树干高大以及树冠浓密的植物；在花坛边，应当选择颜色较鲜艳的植物。

③ 完善植物配置方案。在植物的配置过程中，不仅要注重呈现绿色，还应当致力于带给人们一种美的感受。

比如，在与建筑物相隔比较接近的地方，应当采用整齐、对称以及端庄的方式来进行布置；在与建筑物相隔比较远的地方，应当采用淡雅、活泼、优美的方式来进行布置。

6.提升绿化养护水平

① 应当依据植物的生长习性以及开花特性来进行合理的施肥与灌溉。在雨水比较缺乏的季节，应当加大每天的浇水量，从而为植物的生长提供必要的水分。

② 补植、改植需定期、及时清理死苗。应当在一个星期之内将原本的种类补植，从而保证景观效果的优良。补植应当依据相关种植规范来进行，为植物施加充足的基肥，落实淋水等保养工作，从而大大提高植物的成活率。

③ 定期做好植被的病虫害防治工作。要做好植物的病虫害防治工作，需要对其精心培养，大大提高植物的抗病虫能力。可以将物理方法、化学方法以及生物方法进行有效的结合，以免植物的生长受到病虫害的影响。

> **小提示**
>
> 在住宅小区中，绿化管理应当遵循以人为本的原则，从而打造出具有特色的小区，为居民的生活提供一个舒适的环境。与此同时，物业经理应当将相关工作落实到位，从而使得小区的绿化水平大幅提升，改善绿化效果。

三、环境监测与污染防治

物业管理工作中的环境监测与污染防治是确保业户生活和工作环境质量的重要一环。通过环境监测，可以及时发现和解决环境问题，保障业户的健康和安全；同时，采取污染防治措施，可以预防和控制环境污染，改善和维护环境质量。物业服务企业与业户之间可以通过密切合作，共同为营造舒适、安全的生活和工作环境而努力。

1.环境监测的重要性

环境监测是指对环境因素进行定量或定性分析、检测和评价，以了解和掌握环境质量状况。在物业管理工作中，环境监测的重要性不可忽视。具体表现如图2-4所示。

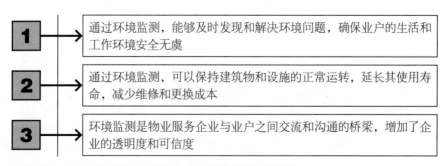

图2-4 环境监测的重要性

2.常见的环境监测项目

在物业管理工作中,常见的环境监测项目包括空气质量监测、噪声监测、水质监测和室内环境监测等,具体如表2-3所示。

表2-3 常见的环境监测项目

序号	监测项目	具体说明
1	空气质量监测	通过监测室内和室外空气中的有害气体浓度、颗粒物浓度等指标,了解空气质量是否达标,并采取相应的治理措施,保证业主呼吸到新鲜、清洁的空气
2	噪声监测	对建筑物周边的环境噪声进行监测,评价噪声对业主的影响是否超过标准限值,如超过则进行噪声治理,减少噪声污染对业主的干扰
3	水质监测	监测居住小区的供水管网运行情况及水质状况,确保饮用水质量安全,并加强对水源、水管监测等环节的管理,防止水污染对业主的危害
4	室内环境监测	监测室内温度、湿度、甲醛、氨气等指标,如不达标,则采取空气净化、通风等措施,提高室内环境质量

3.污染防治措施

在物业管理工作中,除了进行环境监测外,物业服务企业还需要采取图2-5所示的污染防治措施,确保环境质量得到有效维护和改善。

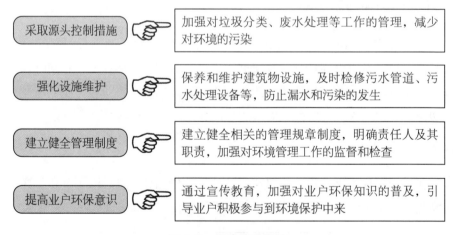

图2-5 污染防治措施

第二节 物业安全管理

物业安全管理是指物业服务企业采取各种措施和手段,保证业户的人身和财产安全,维持业户正常的生活和工作秩序的一种管理工作。物业安全管理的目的,是要为业户保证和维持一个安全舒适的工作、生活环境，以提高其生活质量和工作效率。

一、安全护卫管理

为了做好物业区域的安全护卫管理工作，物业服务企业必须从以下几个方面着手。

1.建立物业安保机构

要确保物业安全管理工作得以顺利开展，物业服务企业必须建立一个安全保卫组织机构，该机构在不同的公司有不同的叫法，有的叫保安部，有的叫护卫部，也有的叫安全部，本书统称为保安部。

由于物业服务企业需要为业主提供24小时安全保卫服务，所以，物业服务企业必须考虑保安班组的设置问题。保安部的班组设置与其所管理物业的类型、规模有关，通常物业面积越大、物业类型及配套设施越多，班组设置就越多、越复杂。其中，安全巡逻班根据监视区域的责任可划分为多个班组，每个班组又根据24小时值班的需要，安排3~4名保安员轮换值班。

2.配备保安员

物业服务企业应根据所管辖物业区域的大小和当地社会治安情况，配备相应数量的保安员24小时值班。某物业服务企业的保安员定岗定员表如表2-4所示，仅供参考。

表2-4　保安员定岗定员表

岗位	第一幢	第二幢	岗位×班次	定员数	备注
大堂	1	1	2×3	6	
岗亭			2×3	6	
班长			1×3	3	带班巡逻
汽车库岗			2×3	6	
单车库岗			1×3	3	
巡逻			1×3	3	包括车场
合计				27	

3.明确重点护卫目标

物业服务企业必须非常熟悉所辖物业区域的重点护卫目标，并将其记录在案，且在保安员培训工作中再三强调，让所有保安员做到心中有数。

一般来说，门卫、守护和巡逻的工作安排要点如表2-5所示。

表 2-5 门卫、守护和巡逻的工作安排要点

序号	工作安排要点	具体说明
1	门卫	（1）一般设置在商住小区或商业大厦的进出口处 （2）门卫保安员的主要职责：严格控制人员和车辆进出，对来访人员实行验证登记制度；对携带物品外出行为实行检查制度，防止财物流失，并维护附近区域秩序；防止有碍安全和有伤风化的事件发生 （3）实行 24 小时值班制
2	守护	（1）对特定（或重要）目标实行实地看护和守卫活动，如一些重点单位、商场、银行、证交所（证券交易所）、消防与闭路电视监控中心、发电机房、总配电室、地下车库等 （2）根据守护目标的范围、特点及周围环境确定适当数量的哨位 （3）守护哨位的保安员要熟悉下列事项：守护目标的情况、性质特点；周围治安情况和守护方面的有利、不利条件；有关制度、规定及准许出入的手续和证件；哨位周围的地形及设施情况；电闸、消火栓、灭火器等安全设备的位置、性能和使用方法，以及各种报警系统的使用方法等
3	巡逻	在一定区域内有计划地巡回观察以确保该区域的安全。 （1）巡逻的目的：一是发现和排除各种不安全因素，如门窗未关好，各种设施设备故障和灾害隐患，保安员值班、守护不到位或不认真等；二是及时处理各种违法犯罪行为 （2）巡逻路线一般分为往返式、交叉式、循环式三种，无论采用何种方式都不宜固定。上述三种方式也可交叉使用，这样既便于实现全方位巡逻，又可防止坏人摸到规律 （3）安排巡逻路线时，一定要把重点、要害部位及案件多发、易发地区放在巡逻路线上。这样便于对重点、要害部位加强保卫，从而有效打击犯罪分子

4.完善区域内安全防范设施

物业小区的治安管理除了依靠人力，还应注重技术设施。因此，物业服务企业应根据其财力与管理区域的实际情况，配备并完善必要的安全防范设施。

比如，在商住小区四周修建围墙或护栏，在重要部位安装防盗门、防盗锁、防盗报警系统，在商业大厦内安装闭路电视监控系统和对讲防盗系统等。

5.定期对保安员开展培训工作

坚持不懈地开展培训工作，是提高保安员治安防范能力的重要途径。物业服务企业不仅在招聘保安员时要对其技能、素质严格把关，更要将培训工作当作常规事务来抓。

（1）保安员的培训内容

保安员的培训主要包括岗前培训和在岗培训，具体如表2-6所示。

表 2-6 保安员的培训内容

序号	培训内容	具体说明
1	岗前培训	（1）公司的基本情况，如公司的发展史、组织机构、规章制度 （2）《中华人民共和国治安管理处罚法》《物业管理条例》等相关法律知识 （3）公司内部的各种管理制度，包括员工守则、工作纪律、人事管理规定、门卫制度等 （4）所辖物业区域的基本情况，如小区的布局、功能及监控、消防等情况 （5）警具的配备、使用和保管规定，对讲机的使用、管理规定，治安、消防、急救的电话号码 （6）职业道德教育、文明礼貌用语、服务规范用语等 （7）发生治安问题、火灾等紧急情况的处理办法，装修期间防火、治安、卫生管理的规定 （8）军训，主要是队列训练
2	在岗培训	（1）认真学习公司制定的"治安工作手册"的内容，包括职责权限、规章制度、工作程序及规范、标准等 （2）常规队列训练 （3）简单擒拿格斗训练 （4）体能训练 （5）消防灭火训练 （6）交通指挥训练 （7）有关精神文明内容的学习

（2）制订保安员培训计划

物业服务企业在制订计划前一定要先评估培训内容，以确定是否有培训的需求以及期望达到的工作绩效（培训结果）。保安员培训计划的内容包括图 2-6 所示的几个方面。

图 2-6 保安员培训计划的内容

（3）定期对保安员进行考核

如果对保安员进行了培训，想要知道培训预期是否达成，就需要进行考核。物业服务企业必须制定一份考核标准，定期对保安员进行考核，并将考核结果作为奖惩、晋升的依据。

6.做好群防群治工作

（1）密切联系辖区内住户，做好群防群治工作

物业治安管理是一项综合性的系统工程，要保证物业设施设备的安全使用和用户的人身财产安全，仅靠物业服务企业的保安力量是不够的。所以，物业服务企业必须想办法把辖区内的住户发动起来，强化住户的安全防范意识，并建立各种内部安全防范措施。

（2）与周边单位建立联防联保制度

与小区周边单位建立联防联保制度，与小区所在地的公安机关建立良好的工作关系，也是物业服务企业开展安全护卫工作的重要手段。因此，物业服务企业应该积极地与相关部门联系、沟通。

7.制定和完善安全护卫制度

物业服务企业应根据所辖物业的实际情况制定和完善各项安全护卫制度，如"保安员值班岗位责任制""门岗值班制度""保安员交接班制度""保安员器械使用管理规定"等。

（1）保安员管理规定

人们往往通过保安员的形象来对物业服务企业建立一个直观的印象，所以，物业服务企业应利用制度规范保安员的权限、纪律、着装等，并在实际工作中坚决执行。

（2）保安员巡逻签到制度

巡逻是安全工作的一项重要措施，其目的是全方位巡查管理区域，保证小区的安全，维持良好的生活秩序。然而，如何确保巡逻岗保安员按要求进行巡逻，避免他们偷懒呢？答案就是制定"保安员巡逻签到制度"，设置巡逻签到箱或签到本。

（3）保安员交接班制度

保安员一般实行三班倒工作制，这就涉及交接班。交接班是一个非常关键的时刻，因为其间大家忙着交接工作，可能会忽视一些安全问题。另外，如果交接班不清楚的话，就会出现互相扯皮、推卸责任的现象。所以，物业服务企业制定相应的制度来规范保安员的交接班工作非常重要。该制度应明确交接班的时间、程序和要求。

二、车辆安全管理

由于对停车场位、停车场库重视不够，或者对车辆增长速度估计不足，尽管一般的住宅区、商业区、工业区都留有停车场位或设有停车场库，但是车位大都严重不足，造成车辆乱停乱放的现象，加之车辆种类、型号、吨位的复杂，使得管理人员对这一问题日益感到头痛。但无论如何，在已有停车场的基础上，物业服务企业都要想办法做好车辆的安全

管理工作。

1. 道路交通的管理

（1）人力安排

物业管理区域的交通一般不由交警管理，而是属物业服务企业管理。大型物业的范围广、道路多，物业服务企业可以考虑设置交通指挥岗位，安排专职人员负责指挥交通。在交叉口交通流量不大的情况下，可由保安指挥交通，如果在交通流量较大或特殊的交叉口则设置信号灯指挥交通。使用信号灯指挥交通，可以减轻交通指挥员的劳动强度，减少交通事故以及提高交叉口的通行能力。物业服务企业要对保安员加强培训，让每名保安员都有指挥交通的能力。

（2）制定交通管理规定

为了确保物业管理区域内的交通安全畅通，物业服务企业最好组织人员制定小区交通管理规定，对进入小区的车辆进行限制，规范居民车辆停放、行驶的行为。一定要公示小区交通管理规定，可将其贴在小区入口或停车场库入口处。

2. 完善停车场管理措施

完善停车场管理措施有以下几点。

（1）划出停车位

停车位分为固定停车位和非固定停车位，以及大车位和小车位。有固定停车位的用户应办理月租卡，临时停放的车辆应停在非固定停车位。固定停车位应标注车号，车场的管理人员应熟记固定停车位的车牌号码，并按规定引导小车至小车位、大车至大车位，避免小车占用大车位。

（2）建立安全措施

建立安全措施即要求停车场库内光线充足，适合驾驶，各类指示灯、护栏、标志牌、地下白线箭头指示清晰，在车行道、转弯道等较危险地带设立警示标语，车场内设立防撞杆、防撞柱。车场管理人员在日常管理中应注意这些安全措施，一旦发现光线不足，就要通知维修人员来处理，如发现各类警示标语、标志不清楚，应及时向上级汇报，请求进行维护。

（3）制定、健全车场管理制度

即使有设置良好的停车场库，如果没有健全的车场管理制度，也不能把车辆管好。健全的车场管理制度主要包括门卫管理制度和车辆保管规定，具体如表 2-7 所示。

表 2-7 健全的车场管理制度

序号	制度类型	具体说明
1	门卫管理制度	这里的门卫包括停车场库的门卫和物业区域大门的门卫。某些区域既需保持相对安静，又需保证行人的安全和环境的整洁。因此，控制进入小区的车辆是大门门卫的职责之一。 （1）除救护车、消防车、清洁车、小区各营业网点送货车等特许车辆外，其他车辆进入物业区域时，都应服从限制性规定，经门卫允许后方可驶入 （2）大门门卫要坚持验证制度，对外来车辆要严格检查，通过验证后放行；对从物业区域外出的车辆也要严格检查，通过验证后放行 （3）对可疑车辆更要多观察，对车主要仔细询问。一旦发现问题，大门门卫要拒绝车辆进出，并报告有关部门处理
2	车辆保管规定	为了规范停车场库的秩序，避免事故的发生，也为了保证车辆的安全，物业项目管理处有必要制定相应的制度和规定，来明确车主的责任、停车场库工作人员的管理责任及工作程序

3. 进出车辆严格控制

物业服务企业在停车场库出入口应设专职人员，对进出车辆实行严格控制，负责指挥车辆进出、登记车号、办理停车取车手续。进场车辆应有行驶证、保险单等，禁止携带危险品的车辆及漏油、超高等不合规定的车辆进入。

4. 进行车辆检查、巡视

车辆保管员应实行 24 小时值班制，做好车辆检查和定期巡视，确保车辆的安全，消除隐患。

① 车辆停放好后，保管员应检查车况，并提醒驾驶人锁好车窗、带走贵重物品，调整防盗系统至警戒状态。

② 对入场前就有明显划痕、撞伤的车辆要请驾驶人签名确认。

③ 认真填写表 2-8 所示的"停车场库车辆状况登记表"，以防日后车辆有问题时产生纠纷。

表 2-8 停车场库车辆状况登记表

年　月　日

车辆牌号	车位	检查项目							进场时间	出场时间	车主签名	值班员签名
		照明灯	外壳	标志	轮胎	玻璃	后视镜	转向灯				

三、消防安全管理

1.消防组织建设与责任分工

（1）消防组织建设

物业服务企业要明确本物业的消防组织人员构成，并将人员名单都登记在表2-9所示的"消防组织情况表"上，明确在发生火灾时应急指挥的组织架构，物业管理处灭火自救应急组织的指挥流程如图2-7所示。

表2-9 消防组织情况表

单位			地址			
小区类型			占地面积		建筑面积	
物业管理处防火负责人	姓名		职务		电话	
物业管理处护卫主管	姓名		职务		电话	
公司安委会办公室	电话			安全部	电话	
消防监控中心	负责人			义务消防队	班（队）数	
	值班电话				人数	
	人数					

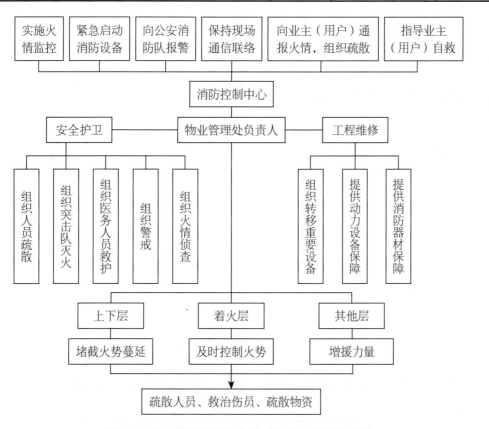

图2-7 物业管理处灭火自救应急组织指挥流程图

（2）明确公司的防火安全责任人

为明确消防职责，物业服务企业最好出具如下所示的文件来明确物业小区的防火安全责任人，但这并不意味着名字未出现在名单上的人员就不承担消防责任。

防火安全责任人名单

××小区物业管理处防火安全责任人、防火安全负责人、参加消防上岗培训的义务消防队员及救护人员名单如下：

1. 物业管理处总经理_____任防火安全责任人；
2. 物业管理处副总经理_____、行政人事部经理_____、物业管理部经理_____、物业管理部副经理（主管安全）_____、工程管理部经理_____为各部门防火安全分工负责人；
3. 义务消防队员：_____、_____；
4. 救护人员：_____、_____、_____。

××物业有限责任公司
____年__月__日

（3）确定各级人员的消防安全责任

对于公司的各级人员——消防安全领导小组、消防兼职领导、消防中心、消防队员、义务消防队员等也要明确其消防安全责任，并以文件的形式体现出来。

2. 确定区域消防安全责任人

消防责任不仅局限于物业管理人员，还应包括业户，因为对于业户所居、所用的区域，有时物业服务企业管理不到位，容易发生违规行为，如乱拉电线等。所以，物业服务企业一定要依法确定各区域消防安全责任人，履行消防安全责任制，落实消防管理工作，完善各项消防安全管理规章制度。

3. 积极开展消防宣传、培训

消防宣传、培训非常重要，应是物业服务企业常年进行的工作。消防宣传、培训工作主要从以下三个方面展开。

（1）消防队伍的训练和演习

物业服务企业应根据所辖小区的实际情况，每年进行一次消防演习，演习结束后要及时总结经验、找出不足，以便以后采取措施加以改进，提高物业服务企业防火、灭火、自救的能力。物业服务企业开展消防演习时应请公安消防部门派人指导、点评，并请他们讲解改进的办法或途径。

（2）员工消防培训

开展员工消防培训的目的是加强对员工的消防安全教育，提高其火灾应急处置能力。物业服务企业除了定期组织所有员工进行灭火演练，还应组织员工学习防火和灭火知识，使全体人员都能掌握必要的消防知识，做到会报警、会使用灭火器材、会组织群众疏散和扑救初起火灾。

（3）业户消防培训

物业服务企业可按照图2-8所示的操作步骤来组织业户参加消防培训。

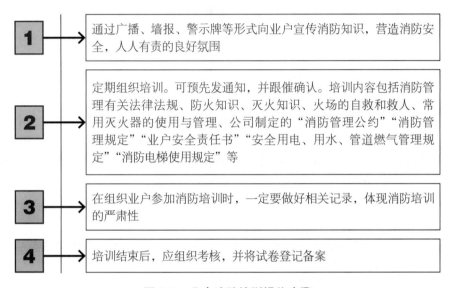

图2-8　业户消防培训操作步骤

4.建立消防档案

物业服务企业应建立消防档案，消防档案是记载物业管理区域内消防重点以及消防安全工作基本情况的文书档案。一般来说，消防档案应包括表2-10所示的内容。

表2-10　消防档案应包括的内容

序号	主要内容	具体说明
1	消防设施档案	消防设施档案的内容包括消防通道畅通情况、消火栓完好情况、消防水池的储水情况、灭火器的放置位置是否合适、消防器材的数量及布置是否合理、消防设施更新记录等
2	防火档案	防火档案包括消防负责人及管理人员名单、物业管理区域平面图、建筑结构图、交通和水源情况、消防管理制度、火险隐患、消防设备状况、"消防重点部位情况表"、前期消防工作概况等
3	火灾档案	火灾档案包括一般火灾的报告表和调查记载资料、火灾扑救情况报告、对火灾责任人追查和处理的相关材料、火险隐患整改通知书等

5.加强消防检查巡查

消防安全检查是预防火灾的一项基本措施。物业服务企业应积极组织、督导消防检查工作。

（1）明确消防设备巡查的内容及频次

消防设备巡查的内容及频次如表 2-11 所示。

表 2-11 消防设备巡查的内容及频次

序号	消防设备	巡查内容及频次	
1	烟温感报警系统	（1）每日检查区域报警器和集中报警器的电源是否正常，确保各按钮处于接收状态 （2）每日检查各报警器的内部接线端子是否松动，主干线路和信号线路是否有破损 （3）每日对 20% 的烟感探测器进行抽查试验，确保其报警功能正常 （4）每周对区域报警器、集中报警器进行自检功能检查，确保系统正常运行 （5）每日检查手动报警按钮的安装是否牢固，有无破损或丢失，并随机抽取不低于 5% 的手动报警按钮进行模拟报警测试，确保报警功能正常 （6）每日检查主控制屏和联动控制屏的各项输入、输出显示功能是否正常，确保系统通信顺畅 （7）定期检查工作电池组和备用电池的工作状态，确保电压和其他指标参数符合要求	
2	防火卷帘门系统	（1）每半月检查一次电气线路、元件是否正常并清扫灰尘 （2）每月对电气线路、元件检查保养一次，检查有无异常现象、绝缘是否良好，按照设计原理进行试验 （3）每季度对机械元件进行保养检查、除锈、加油及密封	
3	送风、排烟系统	送风	（1）每周检查各层消防通道及消防电梯前大厅处的加压风口，看其是否灵活 （2）每周检查各风机控制线路是否正常，可做就地及遥控启动试验，打扫机房及风机表面灰尘 （3）每月进行一次维护保养，检查电气元件有无损坏松动，清扫电气元件上的灰尘，为风机轴承加油等
		排烟	（1）每周检查各层排烟阀、窗、电源是否正常，有无异常现象。同时对各排烟风机控制线路进行检查，就地启动试验，打扫机房及排烟风机表面灰尘 （2）每月进行一次维护保养，检查电气元件有无损坏松动，对排烟机轴承及排烟阀机械部分进行加油保养，打扫机房，同时按照设计要求对 50% 的楼层开展自动控制试验

续表

序号	消防设备	巡查内容及频次
4	消火栓系统	（1）每周检查各层消火栓、水龙带、水枪头、报警按钮等是否完好无缺，各供水泵、电源是否正常，各电气元件是否完好无损、处于正常工作状态 （2）每月检查一遍各阀门是否灵活，对其进行除锈、加油、保养；检查水泵是否良好，对水泵表面进行除尘，给轴承加油；检查电气控制部分是否处于良好状态，同时按照设计原理进行全面试验 （3）每季度在每月检查的基础上对水泵进行中修保养，检查电动机的绝缘是否良好
5	花洒喷淋系统	（1）每周检查管内水压是否正常，各供水泵电源是否正常，各电气元件是否完好无损 （2）每月巡视检查花洒喷淋头有无漏水及其他异常现象，检查各阀门是否完好并加油保养，同时进行逐层放水，检查水流指示器的报警功能是否正常，水位开关器是否灵敏，并启动相应的供水泵看是否能正常供水 （3）供水泵月保养、季中修的内容与消火栓水泵相同
6	应急广播系统	（1）每周检查主机、电源信号及控制信号是否正常。各控制开关是否处在正常位置，有无损坏或异常现象，及时清洗主机上的粉尘 （2）每月检查切换机是否可以正常切换。检查麦克风是否正常，定期清洗磁头 （3）检查楼层的喇叭是否正常，清洗喇叭上的粉尘等 （4）检查后进行试播放

（2）确定消防设施安全检查的责任人及要求

各种消防设施由工程设备部负责，保安部配合进行定期检查，发现故障时应及时维修，以保证其性能完好。具体要求如下：

① 保安巡逻员每天必须检查巡逻区域内灭火器材的安放位置是否正确，铁箱是否牢固，喷嘴是否清洁、畅通等，如发现问题，应及时报告工程设备部修复或更换。

② 工程设备部会同保安部查看消火栓箱门、箱内水枪、水带接口、供水阀门和排水阀门等，每月进行一次放水检查，若发现问题应及时纠正。

③ 消防中心要经常检查消防报警设施、探测器（温感、烟感）等消防设施，如发现问题应及时报工程设备部进行维修。

④ 消防中心每三个月检查一次二氧化碳灭火器的重量及其存放位置，对存放温度超过42℃的，应采取措施降温。

⑤ 消防中心应定期检查灭火器，重量减少1/10以上的，应补充药剂并充气，对放置在强光或高温位置的灭火器，应马上移位。

⑥ 每天检查安全门的完好状态，检查消防通道是否畅通，消防设施周围严禁堆放杂物，如发现杂物应立即采取措施进行清除。

（3）要求做好消防检查记录

在消防检查过程中，应做好相应的检查记录，对发现的异常情况也要记录在册，并提出处理措施。

（4）监督消防隐患的整改

物业经理对消防隐患的整改管理要重点注意图2-9所示的事项。

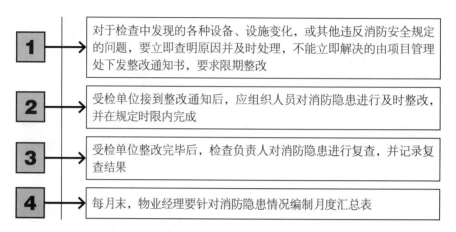

图2-9　对消防隐患的整改管理要注意的事项

6.开展消防演习

消防演习既可以检验物业管理区域内消防管理工作的情况，消防设备、设施运行的情况，以及物业服务企业的防火、灭火操作规程和组织能力，又可以增强员工及业户的消防意识，提高他们的自救能力。物业服务企业应根据小区的实际情况和消防管理部门的要求，每年组织1~2次消防演习。

物业服务企业在开展消防演习时应注意图2-10所示的事项。

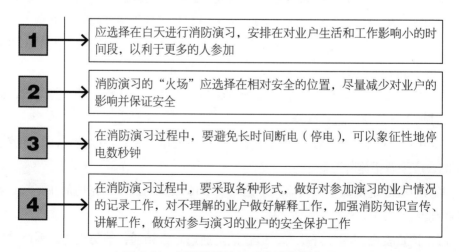

图2-10　开展消防演习时应注意的事项

第三节　房屋本体维护

房屋本体维护主要指对建筑本体共用部位或具有共用性质的部位及设施进行局部或全部的养护修复，是物业管理工作的重点之一，这项工作有助于最大限度地发挥房屋的使用价值，实现物业的保值增值，努力为用户营造一个安全、健康、文明的工作和生活环境。

一、房屋修缮的范围

房屋修缮是指为了修复和保持由于自然因素、人为因素造成的房屋损坏而采取的各种养护维修活动。房屋修缮主要对房屋本体即房屋共用部分或具有共用性质的部分进行局部或全部的更新、修复。

房屋的共用部分是指与物业结构相连或具有共用性质的部位、设施和设备，包括：房屋的承重结构部位（基础、屋盖、梁、柱、墙体等）、抗震结构部位（构造柱、梁、墙等）、外墙面、楼梯间、公共通道、门厅、屋面、本体共用排烟道（管）、电梯、机电设备、本体消防设施、本体上下水主管道、共用防盗监控设施等。

二、房屋修缮的分类

房屋修缮工程分为表 2-12 所示的小修、中修、大修、翻修和综合维修五类。

表 2-12　房屋修缮的分类

序号	类型	具体说明
1	小修	以保持房屋原完损等级为目的的预防性养护工程，一般包括：门窗把手活页维修，上下水管道修补、疏通，内外墙、地面开裂抹灰修补，公共区域常规灯具、水龙头维护更换等
2	中修	房屋少量部位损坏、不符合建筑结构要求，需局部维修的工程，一般包括：墙体、屋面局部拆除、清洗、粉刷、修补，或对其面层进行部分重做；楼地面、楼梯等的维修；给门窗上油漆等
3	大修	主体结构大部分严重损坏、有危险，必须进行大型维修的工程，一般包括：对共用设施设备进行拆除改装，如上下水管道、供电线路，以及对主体进行专项加固
4	翻修	指拆除重建
5	综合维修	指将大中维修工程需要维修的项目一次性应修尽修的综合性工程

三、建筑本体维护保养要求

① 物业服务中心对公共建筑、设施进行接管验收或初次验收后，应对物业范围内的设施进行统计和建账管理。

② 每年对房屋建筑的使用情况作一次全面的鉴定，在每年末依鉴定结果制订详细的房屋本体保养计划，按照计划要求对公共建筑、设施进行保养。

③ 制定钢结构、砌体、钢筋混凝土、防水、装饰、门窗等结构工程以及共用设施的详细维修养护计划和实施细则。

④ 定期进行房屋勘查，确保房屋和共用设施的安全、正常使用。

⑤ 编制详细的、符合所承包物业和项目当地气候特点的房屋及共用设施维修养护计划。

⑥ 严格做好房屋公共部分内外装饰工程的维修养护工作，确保装饰工程的持久性和完好性。

⑦ 以养护为目的，以维修为手段，确保维修养护的及时性，发现问题应立即处理，消除隐患。

四、房屋修缮的管理过程

房屋修缮主要以零星养护维修和专项计划维修相结合的方式进行。房屋的修缮主要通过房屋勘查、日常巡查中发现问题及业户告知（包括业户室内维修项目的报修、维修）等渠道来收集维修项目。

1.房屋勘查

物业服务企业应根据《房屋完损等级评定标准》，制定房屋的勘查、统计指导书。同时，物业经理应组织人员每年对区域内的房屋进行一次逐幢勘查，掌握房屋的完损情况，评定房屋完损等级，据此制订年度修缮养护计划和实施方案。另外，还应根据气候特征，如雨季、台汛等，对房屋建筑的地基基础、外墙、金属构件、屋面等易受直接影响的结构按表2-13所示的时间间隔、次数、检查内容等进行检查，根据检查结果制订有针对性的维护计划和实施方案。着重对用户报修的渗漏房屋进行检查，如发现问题应及时处理，并作相应记录。

表2-13 房屋本体检查频率及内容

序号	项目		时间间隔	次数	检查内容
1	地基基础		每季	一	检查房屋内有无白蚁，检查公共部位有无白蚁，发现蚁害，及时报物业管理公司上级并进行防治
			每半年	一	（1）检查地基有无超过允许范围的不均匀沉降 （2）检查地基基础有无开裂、破损，勒脚有无破损
			每年	一	检查房屋基础结构性能是否完好以及地基沉降总量情况
2	承重结构	梁	每季	一	检查有无变形、裂缝、腐蚀
			每年	一	检查整体结构性能是否完好
		板	每季	一	检查有无弯曲变形、裂缝、腐蚀
			每年	一	检查整体结构性能是否完好
		柱	每季	一	检查有无倾斜、变形、裂缝、腐蚀
			每年	一	检查整体结构性能是否完好
		承重墙	每季	一	检查有无孔洞、裂缝、腐蚀
			每年	一	检查整体结构性能是否完好
	备注：对于承重结构各部件，若出现因设计或不可抗拒因素引起的严重损坏，应委托专家进行分析、计算，拟定维修方案，由专业公司处理				
3	非承重墙		每月	一	检查墙体是否平直，有无裂缝、孔洞、风化等缺陷
			每年	一	检查墙体结构性能是否完好
4	屋面		每周	一	（1）清扫、冲洗屋面 （2）检查雨水口有无堵塞，发现异常及时疏通 （3）检查屋面有无积水 （4）检查伸缩缝油膏有无变硬或疏松，是否开裂、脱边，发现异常及时修复 （5）检查隔热层，有无空洞、起鼓、渗漏，发现损坏及时修复 （6）检查涂料防水层是否破损、老化造成屋面渗漏，发现异常及时修复或更换 （7）检查避雷网有无脱焊和间断，发现异常及时补焊
			每月	一	对不锈钢避雷网上不锈钢油
			每季	一	对圆钢避雷网涂刷油漆
			每年	一	（1）全面修补隔热层板，重新勾缝 （2）检修屋面防水层 （3）检查伸缩缝嵌填油膏是否完整
	备注：每年雨季对屋面进行仔细检查，及时改善涂料防水层破损、老化的状况，以及沉降缝、伸缩缝的老化、渗漏状况				

续表

序号	项目		时间间隔	次数	检查内容
5	楼地面		每季	一	（1）检查楼地面是否平整完好，有无空鼓和破裂 （2）检查楼地面饰面材料有无松脱、空鼓、破损，发现问题及时处理 （3）更换大面积松脱、破损的楼地面饰面材料 （4）对花岗石进行抛光、晶面、打蜡处理
			每年	一	检查楼地面结构功能的完好性
6	楼梯		每半年	一	（1）检查扶手、踏步有无损坏，发现异常及时修复 （2）补换损坏的花岗石地板 （3）修复空鼓的花岗石地板
			每年	一	（1）检查油漆扶手 （2）对空鼓、开裂、损坏的地砖予以修复或更换
7	公共通道		每周	一	（1）检查地面有无起砂、空鼓、开裂、松脱，发现异常及时修复 （2）检查公共通道及门厅的墙面有无污迹或剥落，发现异常及时处理
			每半年	一	（1）检查扶手、踏步有无损坏，发现异常及时修复 （2）补换损坏的花岗石地板 （3）修复空鼓的花岗石地板
			每年	一	（1）检查油漆扶手 （2）对空鼓、开裂、损坏的花岗石地板予以修复或更换
8	内墙面	涂料、石土质块材	每月	一	（1）修补内墙面裂缝、起鼓、脱落部分 （2）处理内墙面变色现象 （3）处理内墙面局部渗漏问题 （4）更换破损的石土质块材
			每季	一	处理内墙面大面积渗漏问题
			每年	一	雨季对业户窗台进行密封维护检查，杜绝雨水侵入
			备注：内墙面每三年翻新一次		
9	吊顶		每周	一	检查有无擦、划、刮、踏，发现损坏及时修补
			每月	一	加强防水、防腐、防裂、防胀、防霉变工作，发现有浸水、腐烂、胀裂、霉变的部分及时修复
10	门窗		每月	一	（1）检查木门门扇有无松动、下垂、翘曲变形、霉变和腐朽 （2）给门转轴或摩擦磨损部位加润滑油 （3）（塑钢）钢门窗、铝合金门窗有无变形、生锈
			每半年	一	更换门窗的易磨损部件

2.房屋的日常巡查

物业经理应要求维修工按照计划对房屋本体、公共建筑等进行日常巡查,发现问题及时维修。物业服务人员在日常巡查过程中,发现公共建筑、设施存在损坏、缺陷的,应及时上报物业经理,以便派遣维修工进行及时维修。

五、室外共用设施养护维修

室外共用设施的养护维修主要指对除楼宇建筑本体共用部位及设施和属设备类设施以外的部位进行局部或全部的更新、修复。包括:雨污水管、标识牌、道路、水泥路面、电缆沟盖板、道牙、踏步、台阶、路灯、雨污水井及井盖、明暗沟、给排水管道(含绿化用水管阀)、化粪池、室外停车设施、车棚、金属围栏等。

表2-14所示的是某物业服务企业制定的共用设施养护维修周期及质量标准,仅供参考。

表2-14 共用设施养护维修周期及质量标准

序号	共用设施	质量标准	养护维修周期
1	雨污水管	无堵塞、漏水或渗水,水流通畅,管道接口完好,无裂缝、破洞	每月检查一次,每次雨季前重点检查一次,发现问题及时报修,每四年排水管涂刷油漆一次
2	标识牌	完好率100%,符合安全要求,标识牌齐全醒目	是否被损坏,有无安全隐患,标识牌有无遗失,是否需更新,要求每周检查一次
3	道路、广场	整体要求路面平整,无明显坑洼破损,边角整齐无缺口	随时检查,发现问题及时报修
3	水泥路面	人行道、车道、消防通道、停车场、中心广场无坑洼或破损	随时检查,发现问题及时报修
4	道板砖、拼花砖	不缺少一块,98%没有松动	随时检查,发现问题及时报修
4	电缆沟盖板	平整,不缺少一块	每季检查一次,发现破损及时维修或更换
4	道牙	整齐,没有很明显的塌陷,不缺少一块,单块破损长度不超过20%	每季检查一次,发现破损及时维修或更换
4	踏步、台阶	没有明显破损	随时检查,发现问题及时报修
5	路灯	灯座箱、灯柱、灯罩、灯泡等设施完好	发现损坏及时维修,高压钠灯、汞灯每季度检查一次,每半年保养一次,灯杆每年刷一次漆

续表

序号	共用设施	质量标准	养护维修周期
6	雨污水井	排水通畅，井盖没有明显裂纹或破损，井壁没有塌裂，井盖型号符合轻型或重型要求，标识正确，与周围道路高度保持一致，与路面高度差不超过±2毫米，与绿地高度差正常不超过±8毫米，个别因地势原因等可超出，但不能明显影响观瞻	每月检查一次，并视情况及时清掏，每半年对易锈蚀雨污水井盖刷一次黑漆防锈，保持雨污水井盖标识清楚，路面井盖尽量安装防震垫圈，以车辆驶过时井盖不产生异响为准
	明暗沟	沟体完好，明暗沟盖板齐全，沟渠通畅无阻塞	发现问题及时维修，每半年全面检查一次，发现渗漏、滴水或损坏及时维修
	给排水管道（含绿化用水管阀）	水阀完好，无渗漏，管道通畅无阻塞	
	化粪池	同雨污水井	视情况每半年清掏一次
	垃圾站	内墙瓷砖不缺少一块，墙面无破损、渗漏，无污染，排风良好	发现问题及时维修，每天清洗一次
7	值班室、岗亭	门窗、墙面、锁完好，无损坏，需悬挂的管理规定等镜框摆放整齐、规范	发现问题及时报修，每半年保养一次
	道闸	道杆色彩鲜明，升降灵活自如，无损坏，配件齐全，手动、自动控制正常	按"道闸保养规定"执行
	车位画线、禁停线和标识	色彩鲜明，字体清晰、醒目，标识符合要求，线条直，宽度规范	每半年至一年重刷一次
	路障	牢固、无明显倾斜（倾斜度在10°之内），完好，红白间条鲜明、醒目	每半年至一年漆一次
8	金属围栏	无倾斜、变形、裂缝、腐蚀、油漆脱落、起壳、锈蚀	每半年至一年漆一次

第四节 物业设施设备维护

物业设施设备维护，就是为确保物业各类设施设备能够长期、稳定、安全地运行而制定的一系列日常预防性维护和保养措施。设施设备保养就像是一份"健康食谱"，为设施设备提供了定期的"营养补给和锻炼"计划，确保设施设备始终处于最佳运行状态。

一、物业设施设备的构成

物业设施设备主要由图 2-11 所示的几大系统构成。

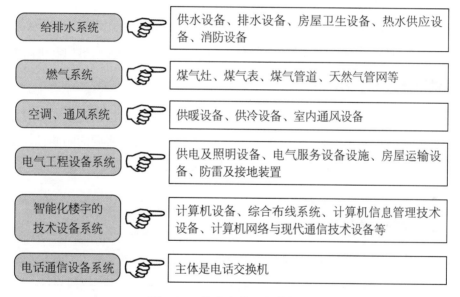

图 2-11 物业设施设备的构成

二、物业设施设备的运行管理

在物业管理中，物业设施设备运行管理是重要的一环，它体现了物业的使用价值，是支撑物业管理活动的基础。设施设备运行管理得不好，不但会直接影响业主的生活质量和生活秩序，还会严重影响物业服务企业的社会声誉。因此，物业经理必须做好设施设备的运行管理工作。

1. 制订合理的运行计划

根据设施设备和物业的实际情况制订合理的运行计划，包括开关机时间、维护保养时间、使用的条件和要求等。

比如，电梯的运行时间、台数和停靠楼层，中央空调机组的开关机时间和制冷量、供应范围和温度，路灯或喷泉的开关时间等。

这些内容应根据物业的实际情况和季节、环境等因素的变化而有所区别，以满足安全使用、维护和经济运行方面的需要。

2.配备合格的运行管理人员

物业经理应根据设施设备的技术要求和复杂程度，配备相应工种的操作者和运行管理人员，并根据设备性能、使用范围和工作条件安排相应的工作量，确保设施设备的正常运行和操作人员的安全。

① 采取多种形式，对职工进行多层次的培训。培训内容包括技术教育、安全教育和管理业务教育等，目的是帮助职工熟悉设施设备的构造和性能。

② 操作人员经培训考核合格后，方可独立上岗操作相关专业设备。供配电作业、电梯操作、锅炉运行操作等特殊工种还需经政府主管部门组织考核，发证后凭证上岗。

3.提供良好的运行环境

工作运行环境不但会对设施设备的正常运转、减少故障、延长使用寿命有影响，而且对操作者的情绪也有重大影响。为此，物业服务企业应安装必要的防腐蚀、防潮、防尘、防震装置，配备必要的测量、保险、安全用仪器装置，还应设置良好的照明和通风设备等。

4.建立健全的规章制度

健全的规章制度应包括图 2-12 所示的内容。

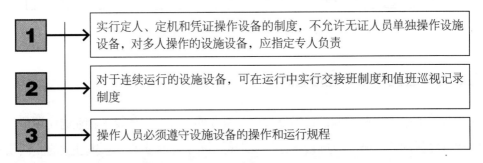

图 2-12　健全的规章制度应包括的内容

三、物业设施设备的保养管理

设备在长期的、不同环境的使用过程中，机械的部件磨损、间隙增大、配合改变，会直接影响到设备原有的平衡性、稳定性、可靠性，效率也会有相当程度的降低，有些设备甚至会丧失基本性能，无法正常运行。如果设备需要进行大修或更换，就增加了成本，影响了企业资源的合理配置。为此，物业经理必须建立科学的、有效的设备管理机制，加大设备日常管理力度，科学合理地制订设备的维护、保养计划。

1.维护保养的方式

维护保养的方式主要是清洁、紧固、润滑、调整、防腐、防冻及外观表面检查。物业服务企业对长期运行的设备要巡视检查、定期切换、轮流使用，并进行强制保养。

2.维护保养的类别

维护保养主要包括日常维护保养和定期维护保养两种，具体类别及要求如表2-15所示。

表2-15 维护保养工作的类别及要求

序号	类别	管理要求	保养实施要求
1	日常维护保养工作	应该长期坚持，并且要做到制度化	设备操作人员在班前对设备进行外观检查；在班中按操作规程操作设备，定时巡视，记录各设备的运行参数，随时注意运行中有无震动、异声、异味、超载等现象；在班后做好设备清洁工作
2	定期维护保养工作	根据设备的用途、结构复杂程度、维护工作量及维护人员的技术水平等，决定维护的间隔周期和维护停机的时间	需要对设备进行部分解体，为此应做好以下工作： （1）对设备进行内、外清扫和擦洗 （2）检查运动部件转动是否灵活，磨损情况是否严重，并调整其配合间隙 （3）检查安全装置 （4）检查润滑系统油路和过滤器有无堵塞 （5）检查油位指示器，清洗油箱，换油 （6）检查电气线路和自动控制元器件的动作是否正常等

3.制订维护保养计划

实施设备的维护保养首先要制订维护保养计划，这对提高设备维护保养工作的效率非常重要。制订设备维护保养计划有以下两个步骤。

（1）制订维护保养计划的准备工作

准备工作的内容如图2-13所示。

确定需要保养的设备	确定保养工作的内容
建立按照设备系统划分的设备档案，通过设备档案就可以全面了解设备现状并制订相应的维护保养计划	保养工作的内容要根据设备运行状态确定，主要是基于以下两个方面：一方面是设备供应商以及国家法律规定的必须保养的内容，这些信息是比较容易获得的；另一方面是设备的运转情况，尤其是设备的故障信息，这是制订设备维护保养计划时要重点关注的内容

图 2-13　制订维护保养计划的准备工作

（2）制订设备维护保养计划

设备维护保养计划可以根据管理要求制订，形式是多样的，但必须包含如图 2-14 所示的内容。

设备维护保养周期结构	设备维护保养周期内容
设备维护保养周期结构是指设备在一个修理周期内，一保、二保、大修的次数及排列顺序	设备的定期保养不论是一保、二保，还是大修，都必须制订详细的工作内容

图 2-14　设备维护保养计划应包括的内容

（3）明确维护保养工作定额

设备维护保养工作定额包括工时定额、材料定额、费用定额和停歇天数定额等。设备维护保养工作定额是制订设备维护保养计划、考核各项消耗及分析保养活动经济效益的依据。

（4）实施维护保养计划

如果没有特殊情况发生，设备维护保养应该按照计划进行。在开始具体工作前，要对工作进行分解，准备好相关材料；实施维护保养后，要进行验收和记录。

如果当天的维护保养工作受到干扰，或者因为其他原因没有完成工作，则需要重新安排维护保养工作，既要完成尚未实施的工作，又要考虑到不影响其他工作。比较简单的办法是让员工加班完成工作计划，但加班毕竟会影响员工的正常休息，而且也增加了企业的支出，因此应在采用加班的方式之前慎重考虑。

（5）记录维护保养工作

每次维护保养都应当做好记录工作，以便后续能够及时了解所有物业设备的运行状况。

第三章
物业服务品质管理

第一节 构建服务标准体系

服务区别于产品，通常具有无形性，而物业服务既表现为提供劳务形式的无形产品，如秩序维护、客户服务等，又与有形产品紧密结合在一起，如制冷供热、设备运行维护等。物业服务作为一种特殊商品，其过程与结果具有一定的不确定性，其质量控制应以服务标准为衡量准则。这要求物业服务企业有一套统一的服务标准体系来规范物业服务，从而增强业户的满意度。

一、明确目标和原则

要想构建一套完善的服务标准体系，物业服务企业首先要紧密结合物业项目的实际情况，制定出科学合理的物业管理目标，如提升服务质量、增强客户满意度、提高服务效率、强化企业形象等。

其次，根据既定的目标，遵循图 3-1 所示的原则来构建服务标准体系。

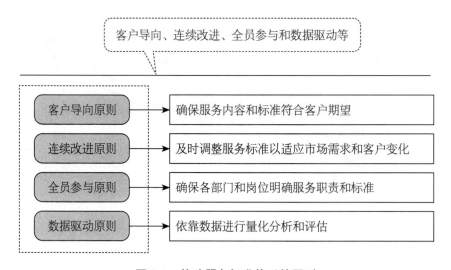

图 3-1　构建服务标准体系的原则

二、制定服务标准

明确了目标和原则，物业服务企业应依托先进的管理理念和技术手段，制定出既符合行业规范又具有企业特色的服务标准。这不仅能够确保各项管理工作的有序进行，还能提高管理效率，降低运营成本。

1.界定服务范围

清晰定义物业服务所涵盖的各个方面,如保洁、保安、绿化、设施设备维护等,确保服务标准体系涵盖所有关键服务领域。

2.制定标准化服务流程

为每一项服务制定详细且具体的操作流程,如接待业主、处理报修、巡逻等,确保每一步都有明确的指导。

3.量化服务标准

尽可能将服务标准进行量化,如设定保洁频次、保安巡逻次数等,便于监督和评估。

4.设计指导原则和标准

设计服务的指导原则和标准,明确服务的要求、标准和规范。这些标准应具有可操作性、可衡量性和可追溯性。

三、建立执行机制

物业服务企业对于制定的服务标准,要全面落实,确保各环节按照标准执行,监督并追踪执行情况。

1.建立检查评估机制

定期对物业服务工作进行检查评估,确保各项标准和规范得到有效执行。

2.定期进行监控

通过定期检查、抽查等方式,对物业服务标准体系的执行情况进行监控,确保各项标准和规范得到遵守。

3.设定考核指标

根据服务内容和标准,设定具体的考核指标,如业主满意度、投诉处理率、维修及时率等。

4.设立奖惩机制

对在标准体系执行中表现优秀的部门和个人给予表彰和奖励,对违反标准体系规定的行为进行纠正和惩罚。

四、人员培训和宣传

物业服务企业对全体员工进行符合标准要求的培训和宣传，确保其理解和掌握服务标准的具体要求，不断提升员工的服务意识和综合素质。

1.定期培训

定期对员工进行符合服务标准体系的培训，确保员工熟悉并理解服务标准体系的内容和要求。

2.内部宣传和外部推广

通过内部宣传和外部推广，提升员工对服务标准体系重要性的认识，形成自觉遵守和执行服务标准体系的氛围。

比如，"草绿如地毯、人过地净、三人成列"是万科物业深入人心的口号。人行出入口设置无障碍专用通道；楼道墙面、天花板无破损、污迹、蜘蛛网，光线充足；草地不能有斑秃，要定期专业修剪；业主在APP（应用）发起诉求，管家20分钟内响应……这一系列严格的标准要求，已经形成不容违反的明文规定。

五、持续改进和优化

物业服务企业对执行情况进行监测和评估，发现问题及时整改，并根据客户反馈和市场变化等情况，持续改进和优化服务标准体系。

1.收集业主反馈

设立专门的客户服务热线或在线平台，通过业主满意度调查、投诉处理等方式，收集业主对物业服务的反馈和建议。

2.分析问题和改进

对收集到的反馈进行整理和分析，针对业主反映的问题和不足，制定相应的改进措施并付诸实施。

3.优化服务流程

根据业主反馈和实际情况，对服务流程进行优化和改进，提高服务效率和质量。

4.更新服务标准体系

随着物业服务的发展和业主需求的变化，不断更新和完善服务标准体系，确保体系的先进性和适用性。

第二节　创新物业服务模式

成熟的物业服务体系一定包含几个方面,即优质的基础服务、让业户认可的增值服务、能够给予业户"满意+惊喜"的超预期情感服务。同时,还应创新物业服务模式,给予业户充分的人文关怀,利用"物业+"的发展模式,拓宽服务边界,覆盖物业服务全生命周期,满足业户对美好生活的需求。

一、物业+生活服务

物业是连接千家万户的重要民生行业,其提供高品质和多样化的服务,既是满足人民对美好生活向往的现实需要,也是推动物业行业发展的不竭动力。"居民有需求,社区有服务",物业服务企业可以深入探索"物业+生活服务"的创新模式,利用物业空间资源设立生活服务站,延伸服务边界,以业户全生命周期的生活需求为出发点,根据实际情况合作引进优质资源,共同提供便民服务,为业户带来高品质、多样化的服务体验,这不仅能提升业户幸福感,也能增加业户与物业的黏度,实现"物业+生活服务"的创新局面。

1. 开展生活服务的意义

随着城市化进程的加速和人们生活水平的提高,居民对生活品质的要求也越来越高。为了满足这些需求,物业服务逐渐从单一的维护管理向综合性的生活服务模式转变,这种转变被形象地称为"物业+生活服务"。物业服务企业拓展"物业+生活服务",不仅为居民提供了更加便捷、高效的生活服务,还对整个社区的发展产生了深远的影响。具体意义如图3-2所示。

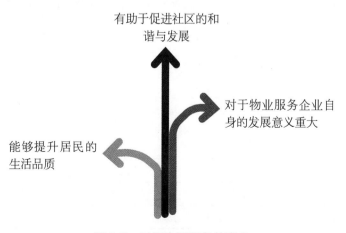

图3-2　开展生活服务的意义

（1）能够提升居民的生活品质

传统的物业服务主要集中在房屋修缮、卫生清洁等方面，"物业＋生活服务"则将服务范围扩展到了居民的日常生活之中。

比如，提供家政服务、代购代办、健康咨询等，这些服务不仅方便了居民的生活，还提高了他们的生活品质。居民可以在忙碌的工作之余，享受到更加舒适、便捷的生活。

（2）有助于促进社区的和谐与发展

物业服务企业通过提供综合性的生活服务，与居民建立起了更加紧密的联系。这种联系不仅增强了居民对社区的归属感和认同感，还促进了社区内部的沟通和交流。在这种氛围下，居民更加愿意参与社区的各项活动，为社区的发展贡献力量。

同时，物业服务企业也可以通过与居民的互动，了解居民的需求和意见，不断改进服务，实现与居民的共赢。

（3）对于物业服务企业自身的发展意义重大

随着物业服务市场的竞争日益激烈，物业服务企业需要不断拓展服务领域，提高自身的核心竞争力。通过拓展生活服务领域，物业服务企业不仅可以增加收入来源，还可以拓宽自身的服务领域，提高企业的市场竞争力。同时，通过与居民建立更加紧密的联系，物业服务企业也可以树立良好的企业形象，为企业的发展打下坚实的基础。

2. 生活服务的项目

物业服务企业可以开展表 3-1 所示的生活服务项目。

表 3-1　生活服务项目

序号	服务项目	具体说明
1	便民生活服务	可以邀请专业技术人员，免费为业户磨刀、理发、洗鞋等，方便业户日常生活，解决业户生活中的"不方便"
2	家庭维修服务	为业户提供家庭维修服务，如家电维修、管道疏通等
3	快递代收代发服务	为业户提供快递代收代发服务，方便业户接收和寄送包裹
4	贴心上门服务	提供上门服务如美容、理发、按摩、医疗、养老等，满足业户对便捷和舒适生活的追求
5	不动产经纪服务	提供专业的不动产管理和居间服务，方便业主资产管理的同时，实现资产价值提升，比如资产托管、空置房维护、协助办理装修手续、出租车位等
6	线上购物服务	与电商平台合作，为业户提供线上购物服务，方便业户购买生活用品
7	医疗服务	与医疗机构合作，为业户提供健康咨询、预约挂号、药品配送等服务
8	健身服务	提供健身设施或组织健身活动，鼓励业户参与体育锻炼
9	教育咨询服务	提供教育咨询服务，帮助家长为孩子选择合适的学校或教育机构

比如，从夏天的解暑绿豆汤到秋天的第一杯奶茶再到冬天香甜软糯的腊八粥，从清洗地垫、日常洗鞋到清洗纱窗玻璃再到除雪洗车，从嘘寒问暖到帮忙打印作业再到张贴春联、闲置房屋上门清洁服务，从元宵节的一碗汤圆到中秋节的一块月饼再到春节的一顿饺子，从日常设备维护保养到消防应急演练再到传染病防治等服务……在万科物业服务的小区，每个月都会举办丰富多彩的社区文化活动和暖心服务活动，一年一度邻里聚首的万科朴里节和各种传统节日联欢，让邻里的关系更加紧密融洽，让社区这个大家庭更加和谐美好。万科物业用专业贴心的服务，丰富了居民的日常生活，也温暖了日常生活的点点滴滴。

3.开展生活服务的要求

根据《住房和城乡建设部等部门关于推动物业服务企业加快发展线上线下生活服务的意见》和《住房和城乡建设部等部门关于加强和改进住宅物业管理工作的通知》，物业服务企业应该做好图3-3所示的四个方面的工作。

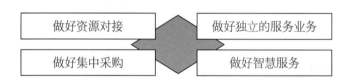

图3-3 开展生活服务的要求

（1）做好资源对接

对暂不具备服务能力的项目方，物业服务企业要积极整合资源，通过对接各类资源平台或第三方服务商，为居民提供生活便利。

比如，连接社区周边餐饮、购物、娱乐等商业网点，对接各类电子商务平台，为居民提供定制化产品和个性化服务。

（2）做好集中采购

物业服务企业的在管项目具有需求集中度高的特性，因此企业要利用这一特性建立预约机制，对需求量大的生活物资或服务进行集中采购，降低居民的采购成本。

（3）做好独立的服务业务

每个物业服务企业的核心资源与发展方向都是不同的，物业经理应充分利用企业的现有资源积极探索独立的服务业务。

（4）做好智慧服务

物业服务企业要积极应用新技术，搭建智慧服务平台，推动物业服务线上线下融合发展，构建线上线下生活服务圈。

比如，通过在居民社区设置智能快递柜、快件箱、无人售卖机等终端，发展智能零售。

4. 开展生活服务的注意事项

物业服务企业在开展"物业+生活服务"的过程中,有以下两点注意事项。

(1) 不能"荒了主业、富了副业"

大多数物业服务企业的人力、财力等资源是有限的,不可能无限制地扩大生活服务业务。因此物业服务企业的主业仍要紧紧围绕"物业服务"这一核心来开展,也就是说,一切服务都是在发展主业的基础上,进一步拓展服务领域,让业户生活更方便、更舒心。

(2) 不能超出企业的能力范畴

物业服务企业应明确界定所开展的生活服务的范围,此范围必须与企业自身的服务能力相匹配,比如餐饮服务、商超连锁、社区生活服务等。

> **小提示**
>
> 物业服务企业向生活服务领域延伸,是希望为业主提供更多更好的增值服务,提升与业主之间的服务黏性,所以不可本末倒置,一味地追求利润而忽略服务的本质。

二、物业+家政服务

家政服务与物业均为民生产业,承载着居民对于美好生活的服务需求,因此物业服务企业在向家政服务领域延伸发展时,有着近水楼台先得月的优势。家政服务是物业管理社区发展增值业务的重要赛道,可以提升物业增值服务的多样性,同时也为业主提供便利,形成双赢局面。

1. "物业+家政服务"的现状

目前,物业服务企业向家政服务领域延伸发展的模式和服务项目大多是通过引入供应商为业主提供家政服务来实现的,物业服务企业则扮演"引路人"的角色,引导业主通过物业服务企业的线上商城或者客服管家下单,再安排供应商提供家政服务。通过该模式,物业服务企业可以为业主提供涵盖范围广、辐射人群多的全套家政服务,可谓是"全屋的家政,一生的家政"。

在这种模式下,如果要提供全部的家政服务项目,物业服务企业必须要做好供应商引入标准的确立、供应商服务品质的管控以及客户资源的管理等工作。优质、细致、暖心的家政服务不仅能为物业服务企业的基础服务满意度加分,也可以在维护客户关系和增强客户黏性方面发挥不可替代的作用。

对此,物业服务企业在开展家政服务时有必要规范家政行业的从业环境,促进行业向专业化、高素质化和优质化的运作方向转型。在具体的做法上,可以参考图3-4所示的措施。

图 3-4 规范家政行业从业环境的措施

（1）推动家政从业人员实现资格认证

家政服务人员的从业资格证书应该由国家认可的专业认证机构颁发，物业服务企业对持有相关从业资格证书的人员要在入口渠道做好背景调查以及培训，确保其具备专业的技能和良好的职业操守，之后从业者方能正式上岗。这样，一方面可以更好地规范服务人员的行为，另一方面也可以对业户的户内安全起到保障作用，以降低服务风险，同时也有利于行业口碑的建立。

（2）推进家政公司平台化和用工规范化

《国家发展改革委等部门关于推动家政进社区的指导意见》提出，"鼓励家政企业多种合作形式进社区"，"支持家政企业与社区业主大会、业主委员会或物业服务企业合作，在团购平台上开通销售渠道"。鉴于此，家政公司平台化可以开发全职和兼职双模式运营。客户在物业服务企业的家政平台下单时可以自主选择全职或者兼职接单，而全职和兼职的区别如下：全职家政服务人员与公司签订劳动合同，受公司的规章制度约束，享受公司的福利待遇，订单由公司根据客户需求、订单距离等调度安排；兼职家政服务人员只是挂靠公司平台，客户下单后可以把订单放到平台的订单池，由兼职家政服务人员自主抢单，平台公司抽取相应的平台运营费等佣金，客户下单的费用相对于实行全职模式时下单的费用会较低。通过线上线下相结合的形式，全职家政服务人员和兼职家政服务人员可以分别满足不同人群的消费需求，丰富居民的消费场景。

（3）提升业户的安全感和满意度

物业服务企业应在法律法规许可的情况下，依托自己的管理优势，尽量提升业户的安全感和满意度，具体措施如图 3-5 所示。

要对进入小区的家政服务从业人员做好严格把关，做好人员信息的登记留档，加强小区楼层巡视，以充分保护业户的人身财产安全

物业服务企业还要做好合作供应商的准入考核，严格审核供应商的各种资质，做好服务全流程的规范、追踪，提升业户的安全感和满意度

图 3-5 提升业户安全感和满意度的措施

2. 家政服务的项目

优质的家政服务满足人们对美好生活的诉求，物业服务企业充分发挥自己的优势，以业户满意度为出发点，推动业户、物业服务企业及家政从业者实现互利共赢，共同促进行业的高质量发展，让更多家庭都能享受到"物业＋家政服务"所带来的高品质的家庭服务，为现代化社会中的家庭提供更多的生活选择。

一般来说，物业服务企业可以开展表3-2所示的"物业＋家政服务"项目。

表3-2 "物业＋家政服务"项目

序号	服务项目	具体说明
1	基础家政保洁服务	（1）基础保洁：提供定期或不定期的家庭日常保洁服务，包括打扫、拖地、擦窗户等 （2）深度保洁：针对刚刚居住或长期未居住的房间内部进行深度保洁，包括地面、墙面、家具、玻璃等 （3）地毯保洁：对地毯进行深度保洁，去除污渍和异味 （4）沙发保养：对沙发进行专业清洗和保养，恢复其原有的清洁度和舒适度
2	地面清洁养护服务	（1）地面清洁：对不同材质的地面进行清洁，包括瓷砖地面、木地板地面、大理石地面等 （2）地面养护：提供木地板打蜡、石材特殊清洗、石材防渗处理等地面养护服务，延长地面使用寿命
3	常用家电清洗服务	（1）油烟机清洗：对油烟机进行深度清洗，去除油污和异味 （2）空调清洗：对空调进行清洗和消毒，保障空气质量 （3）冰箱、洗衣机、热水器等清洗：对这些常用家电进行定期清洗和保养，确保其使用安全和延长其使用寿命
4	开荒保洁服务	主要针对新屋装修后的建筑材料、粉末、污迹等进行全面清洁，包括玻璃清洁、牵尘、表面护理、清洗地面等
5	专业维修服务	（1）管道维修：提供水管、下水道、暖气管道等各类管道的维修、疏通和更换服务 （2）电器维修：包括家电修理、电线故障修复、电路维护等，确保家庭电器的正常使用
6	家庭照料服务	（1）保姆服务：为家庭提供日常家务服务，包括婴幼儿护理、老人护理、家居清洁、日常烹饪等 （2）月嫂服务：专为产妇和婴儿提供专业照顾，包括日常清洗、护理、教育等
7	空气检测治理服务	依据GB/T 18883—2022《室内空气质量标准》，对室内空气进行检测和治理，去除氡、氨、甲醛、苯等有害物质，保障居住环境的健康与安全

续表

序号	服务项目	具体说明
8	其他服务	（1）搬家服务：提供从家具拆卸到重新组装的一揽子搬家解决方案和服务 （2）家具组装服务：根据家具厂商提供的说明书，快速组装家具并进行调试和清洁 （3）家庭装修服务：提供从设计到实施的一站式装修解决方案，满足家庭对空间功能和美观的需求

3. 开展家政服务的要点

（1）在物业服务中心设立生活服务站

随着城市发展水平的提升以及店面租金的日益上涨，传统衣物类和鞋类的修改缝补业务已经渐渐退至城市外围，使得城市居民缝补需求难以实现。物业服务企业可以利用物业空间资源，以免租、低租或者合作分利润的方式引进专业缝补人员，将其作为一项长期的有偿便民服务提供给业户，在细微之处更好地满足业户的生活需求。

（2）健全客户服务满意度评价体系

物业服务企业除了是满足业户家政服务需求的引路人，更应该是家政服务满意度的接收人。应有始有终地做好服务的闭环管理，用心与业户交流，更好地了解业户的需求，增加双方的沟通频率，提升双方的服务黏性。

（3）推动物业家政服务平台化

物业服务企业所对接的供应商涉及多家，如果单纯通过传统的人工对接、表格登记等方式会花费太多的人力成本，而且效能比较低。所以，物业服务企业要加快建立自己的家政服务平台，将业户资源、供应商资料、服务人员信息等录入平台系统，通过订单匹配以及业户、供应商和服务人员的画像标签建立，做好物业服务全流程的追踪、数据化高效管理的开展等工作。

> **小提示**
>
> 物业服务企业作为业户最亲密的陪伴者，要在更懂得业户需求的基础上充分发挥自己的优势，不断用心创造让业户满意的服务，着力推动业户对家政服务的态度实现从认可到依赖再到口口相传的质变，推动业户、物业服务企业及家政从业者实现互利共赢。

三、物业+托幼服务

"物业＋托幼服务"是近年来物业服务行业为满足社区内家庭对婴幼儿照护服务的需求而推出的一种创新服务模式。这种模式旨在将专业的托幼服务融入日常的物业管理中，为社区居民提供更加便捷、全面和专业的服务。

1.托幼服务的内容

在国家和地方政府大力推动托育行业发展的大形势下，物业服务企业可以抓住时机顺势而为，依托物业现有资源设立儿童临时托管中心，积极探索"物业+托幼服务"的发展模式，通过规范化的运行，设置合理的、透明化的时托收费项目，满足业主家庭照护婴幼儿的需求，增加业主的生活幸福感。具体来说，物业服务企业可以开展图3-6所示的服务内容。

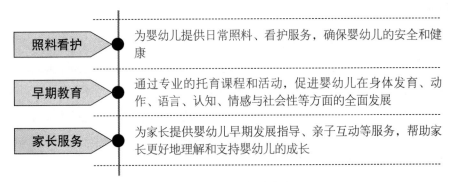

图3-6　托幼服务的内容

2.托幼服务的模式

随着城市化进程的加快和居民生活水平的提高，家庭对婴幼儿照护服务的需求日益增长。物业服务企业作为与居民日常生活紧密相关的服务机构，具备开展托幼服务的天然优势。对此，物业服务企业可以采取图3-7所示的服务模式。

图3-7　托幼服务的模式

（1）设置托幼服务点

物业服务企业可以利用小区内的公共空间，如社区活动中心、物业服务中心等，设置托幼服务点，设立专门的托幼服务部门或岗位，尝试建设规范化的儿童临时托管中心，负责为小区的婴幼儿提供托幼服务。通过设置合理的、透明化的时托收费项目，适当解放孩子的照看人，让年轻父母或"四老"（即孩子的爷爷、奶奶、外公、外婆）在看护幼小的同时，提升自身的生活质量。

比如，为解决社区儿童生活难点，万科物业将儿童需求细分为幼儿、少儿等年龄段，从生活环境、专业服务、友好体验三个需求维度梳理出五大生活场景，分别是安全空间环境、游乐空间环境、关爱服务环境、社交互动环境、云端互联环境，共覆盖社区23个触点，95项服务内容，为孩子们营造一个安全玩耍、读书学习、健康成长的生活环境，打通社区儿童服务"最后一公里"，实实在在帮助家长消除后顾之忧。

（2）与专业机构合作

物业服务企业可与专业的早教机构建立合作关系，引入专业的托幼师资和课程，为小区的婴幼儿提供专业的早教课程和培训，如音乐、绘画、舞蹈等，提升服务的质量和水平。

比如，面对社区居民的需求，江苏省南京市建邺区中瑞社区以社区配套亲子小屋为载体，引入专业社会组织，免费为居民提供社区"托育加油站"服务，通过设置一系列活动，帮助孩子更好成长，减轻家长在家带娃的负担。

针对0～3周岁的孩子，"托育加油站"每月组织开展一次亲子课程或育儿相关专业讲座活动，为婴幼儿和家长提供儿童早期发展指导、亲子互动等服务。"托育加油站"室内布置十分温馨，有滑梯、平衡木、各式球类等儿童娱乐设施，还安装了软地垫，防止孩子在课程活动过程中摔倒受伤。

课程活动中，老师会带着孩子一起做游戏，让孩子通过好玩有趣的小游戏学习生活中的常识，寓教于乐。"托育加油站"还会定期邀请专家有针对性地开设儿童发展特点、教育理念、意外防范急救等课程，增强家庭科学育儿意识和能力的同时，帮助家长们缓解育儿的焦虑情绪。

（3）组织社区活动

物业服务企业可定期举办各类亲子活动，如夏令营、亲子运动会、户外探险、儿童艺术展览等，为家长和婴幼儿提供交流和互动的平台，增进亲子关系。

比如，甘肃省庆阳市福景家园小区物业服务企业开设了"托育服务室"，在服务室设置了感统训练区、阅读区、美工区三个区域，让有不同喜好的孩子都能有一方属于自己的天地。其中，感统训练区主要让孩子们在运动中获得嗅觉、听觉、味觉、视觉、触觉、平衡觉、运动觉等多种感觉。阅读区准备了内容丰富的书本，包括识字书、画本，还有包含插图的故事书，满足孩子们的各种需求。美工区则放置了各种各样的玩具供孩子们玩耍，有玩具车、乐高、毛绒玩具等，还放置了可以画画、涂色的手工艺品。

四、物业+养老服务

随着我国人口老龄化趋势日益加剧，养老服务成为社会关注的焦点之一。为了满足老年人日益增长的养老需求，提高他们的生活质量，"物业+养老服务"成为一种新的解决方案。

1. 养老服务的内容

养老服务是针对特定群体的专业服务，需要相应的专业人员、场地、设备设施和配套保障等，其基本内容如图 3-8 所示。

图 3-8　养老服务的内容

"物业+养老服务"是指由物业服务企业提供的针对老年人的居家养老服务，包括但不限于生活照料、医疗保健等方面的服务。在实践中，物业服务企业可以开展表 3-3 所示的服务项目。

表 3-3　"物业+养老服务"项目

序号	服务项目	具体说明
1	生活照料类服务	（1）托老服务：为老年人提供日间照料服务，包括餐饮、休息、娱乐等 （2）购物与送餐服务：定期为老年人代购生活用品，提供送餐上门服务，确保老年人的基本生活需求得到满足 （3）家政服务：提供保洁、洗衣、烹饪等家政服务，减轻老年人的生活负担
2	医疗保健类服务	（1）健康档案管理：建立老年人的健康档案，记录老年人的身体状况、用药情况等信息，方便随时查看和更新 （2）陪伴看病服务：安排专人陪同老年人前往医院就诊，提供挂号、取药等协助服务 （3）疾病防治与康复护理：提供疾病防治、健康咨询、康复护理等服务，帮助老年人恢复身体机能 （4）心理卫生与健康教育：关注老年人的心理健康，提供心理咨询、心理疏导等服务，同时开展健康教育活动，提高老年人的健康素养
3	文化教育类服务	（1）老年学校设立：开设适合老年人的课程，如书法、绘画、音乐等，丰富老年人的精神生活 （2）知识讲座与学习培训：定期举办各类知识讲座与学习培训活动，提高老年人的文化素养和知识水平 （3）图书阅览服务：为老年人提供图书借阅、阅读指导等服务，满足老年人的阅读需求

续表

序号	服务项目	具体说明
4	法律维权类服务	（1）法律法规咨询服务：为老年人提供法律法规咨询服务，解答老年人在生活中遇到的法律问题 （2）法律援助服务：为需要法律援助的老年人提供法律代理、诉讼支持等服务，维护老年人的合法权益
5	体育健身类服务	（1）活动场所提供：为老年人提供适合其身体状况的活动场所，如健身房、舞蹈室等 （2）体育健身设施配备：配备适合老年人使用的体育健身设施，如健步机等 （3）运动课程开设与活动组织：开设适合老年人的运动课程，如太极拳、瑜伽等，同时组织各类体育健身活动，如运动会、健身操比赛等
6	志愿服务类服务	（1）邻里互助服务：鼓励社区居民之间开展邻里互助活动，为老年人提供生活上的帮助和支持 （2）定期看望与电话问候：组织志愿者定期看望独居老人，提供陪伴和关心，同时通过电话问候等方式保持与老年人的联系 （3）谈心交流服务：为老年人提供谈心交流的机会和平台，帮助他们排解孤独和寂寞的情绪
7	应急救援类服务	（1）"一键通"电话安装：为有需要的独居、有突发疾病的老年人安装"一键通"电话，方便他们在遇到紧急情况时快速求助 （2）社区服务中心平台建设：利用社区服务中心平台及时发现并紧急处理老年人遭遇的各种疾病和意外事件，确保老年人的安全与健康

比如，2022年，万科物业发布《空巢老人物业服务指南》，还发起了"一号专线"大型公益活动，首批为16821位空巢老人业主建立了"长者关爱档案"，基于行业首个《空巢老人物业服务指南》，提供诸如检查维修、物资采买、上门陪伴、协助就医等主动服务，第一时间响应空巢老人的即时需求，助力更多老年人享受美好的物业服务。

2.物业开展养老服务的优势

对于物业服务企业来讲，发挥物业贴近居民的天然优势，根据不同的居民结构、服务需求，有针对性地提供多元化、个性化的社区居家养老服务，将有效赋能物业服务企业的增值服务。而小区物业作为居民的好邻居、大管家，拥有着"距离近""人员亲""硬件足"等有利条件，开展养老服务，具有图3-9所示的优势。

物业服务企业可以利用独特优势,充实基层养老力量,降低养老服务的总体社会成本

 对于物业自身而言,开展养老服务不仅可以弘扬孝道文化、提升企业形象,还可以优化资源配置、实现业务延伸、拓宽增值渠道、发掘庞大的养老市场,实现转型升级和提高经济效益

图 3-9　物业开展养老服务的优势

3.建立专门的养老服务团队

要想做好"物业+养老服务",物业服务企业需要建立专门的养老服务团队。这个团队需要由专业的医护人员、心理咨询师、社工人员等组成,他们应具备丰富的养老服务经验和专业知识,能够为老年人提供全方位的服务。

比如,××物业就依托社区,组建了一支以物业工作人员为主体,相对低龄及身体健康的老年人为辅助的"以老养老"志愿服务队,为小区高龄、独居的老年人开展"多对一"日常关爱服务。

物业服务企业可以充分利用小区的医护人员资源组建医疗志愿者服务队,为小区老年人提供医学知识科普、免费测量血压等医疗保健服务。

比如,××物业以党员志愿者、业委会成员、物管工作人员为主要成员,组建了一支专业化的养老志愿服务队伍。该支服务队整合了医疗、教育、法律、家政、文化等养老服务资源,充分发挥志愿服务队伍成员中医生、律师、教师等的职业技能,为小区提供健康咨询、法律咨询、文艺表演等满足个性化需求的专业养老服务。

4.整合社区资源

物业养老服务是一项复杂的工作,单凭物业服务企业一己之力很难做好,这就需要整合社区资源,采取一系列措施来确保资源的有效利用和服务的高效提升。对此,物业经理可以采取表 3-4 所示的措施来进行资源整合。

表 3-4　整合社区资源的措施

序号	整合措施	具体说明
1	建立资源库和合作关系	(1)建立资源库:收集和整理社区内可用的资源,如社区医院、康复中心、文化活动中心等,建立一个资源库 (2)建立合作关系:与社区医院、康复中心、文化活动中心等机构建立紧密的合作关系,确保在需要时能够迅速获得所需的资源和服务

续表

序号	整合措施	具体说明
2	盘活小区资源和共享设施	（1）利用场地和设备：物业服务企业可以利用小区内的场地和设备，如活动室、健身设施等，为老年人提供乒乓球、健身等娱乐服务 （2）共享布点设施：对小区内的各类闲置和低效使用的公共房屋和设施进行改造，以共享的方式提供给多个居民使用，用于社区居家养老服务 （3）共享技能和知识：鼓励居民共享自己的技能和知识，组织志愿者团队为社区提供各种服务
3	加强社区互动和合作	（1）促进居民参与：鼓励社区居民积极参与社区活动和服务，提高社区居民的凝聚力和归属感 （2）与其他组织合作：与医疗机构、老年大学、非营利组织等合作开展项目，共同为老年人提供更好的服务

第三节　提升物业服务质量

服务质量是物业服务企业的生命线和发展根基，不以服务质量为基础，再多的业务也将失去依托。因此，物业服务企业应努力提升服务质量，提高业户的生活品质，提高声誉。

一、加强服务培训

物业管理属于服务性行业，所提供的商品是无形的"服务"。基于这一点，它的各项管理举措都是为了给业户提供满意的服务，从点滴做起，改善服务质量，让每一点改善都能带给业户更多的方便与满意。对此，物业服务企业可从图3-10所示的两个方面来加强对员工的培训。

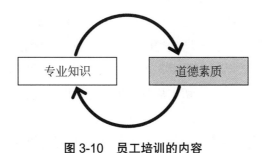

图3-10　员工培训的内容

1.专业知识培训

通过加强对员工的专业知识培训，不断提高员工自身的综合素质，推动员工学习物业管理方法。优秀的员工是提升物业服务品质的保障，能够做好业户的投诉处理工作，不抱怨业户，而是把业户的投诉作为资源，帮助物业服务企业改进和完善物业服务。

2.道德素质培训

物业管理不同于其他行业，有时它对员工道德素质的要求要高于专业素质。所以在对员工进行专业知识培训的同时，更应该注重其个人道德素质方面的培训。

对每一位员工进行道德素质培训，培养员工与他人沟通、协作的能力和良好的亲和力是做好物业管理的一大优势。要让每一位物业管理人员都注重与业户建立良好的关系，在日常工作中积极热情地为每一位业户服务，对一些不太了解、提出抱怨甚至投诉物业管理的业户，要主动上门与其沟通、交流。而且，要不怕被业户指出缺点，学会感谢业户提出意见、给予改正和进步的机会，使业户从逐渐了解企业到最终理解、信赖企业。

> **小提示**
>
> 减少投诉应加强员工培训，不仅培养员工使用规范用语、进行规范操作的能力，还要培养员工的灵活服务技巧和应变能力，更要加强员工的服务意识和职业道德，并配以奖惩机制，督促、激励员工提供优质服务。

二、树立服务理念

物业管理过程中，物业服务企业应当把管理与服务理念进行有效融合，将服务理念融入管理过程中，切实有效满足业户多种层面的需求。

1.在物业管理中突出服务理念

将物业管理转变为物业服务不仅仅是名称的变化，更是一种工作理念的重大变化，给传统的物业管理工作带来了重大影响。传统的物业管理工作注重的是对小区运行中所需要的各类水电煤气等设施进行维护，将工作重点放在了管理层面上。而物业服务理念的运用更多的是强调对业户的服务，在管理过程中能够将对业户的服务放在重要位置上。一切工作的开展均以对业户的有效服务为重点，在这种工作理念的指导下，物业服务企业能够在具体的管理过程中主动接近业户，切实从业户生活的角度出发，关注其可能存在的一些需求并对其进行有效满足。

服务是物业服务企业的灵魂与主旨，由此要求企业将其作为一种重要的责任与追求，能够积极以自身的力量切实为业户提供优质的服务。

2.提高认识，不断更新服务理念

为了对小区实现良好的物业管理，物业服务企业在具体的工作开展过程中应当积极提高对物业管理的认识,结合物业管理中出现的新需求切实优化物业管理服务,及时更新物业服务理念。

① 在小区物业管理过程中,对公共设施以及硬件设备采取有效的管理运行与维护措施,切实为业户服务。

② 小区物业管理工作的开展不是抽象的理论内容,而是要在具体的细节层面上对各项事务进行优化处理,要未雨绸缪,提前考虑到工作开展过程中业户可能遇到的问题,能够充分倾听业户的心声,并对其提供有效服务。

比如,可以为老人提供便捷服务,充分关注小区里的一些老人;针对小区管理过程中存在的一些问题采用张贴温馨提示语的方式告知广大业户,避免业户在生活过程中出现同样的问题;加强小区的美化,为广大业户提供良好的生活居住环境;将安全工作放在重要的位置上,加强对于常见安全隐患的有效排查,确保业户的居住安全。

③ 在目前生活多样化的背景之下,人们的居住需求也产生了层次性的变化,由此要求物业服务企业在物业服务过程中对业户采取有区别的服务方式,针对不同类型的业户采取相应的服务方式,能够对业户的需求进行多层次的分析,比如针对一些饲养宠物的业户,可以在其外出时,提供对宠物的看护服务。

3.以服务为中心,不断调整服务项目

在目前瞬息万变的市场环境之下,物业服务工作的开展应当充分适应市场的变化,结合业户的最新需求进行服务项目的调整。具体措施如图 3-11 所示。

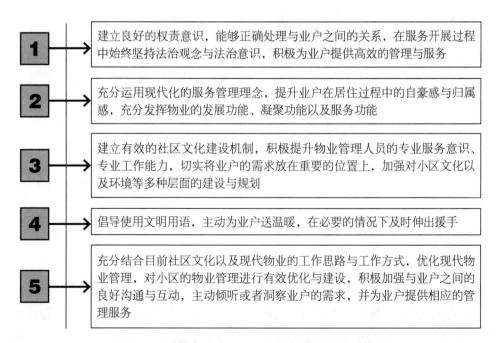

图 3-11 以服务为中心,不断调整服务项目的措施

三、强化服务意识

要想做好物业服务,提升服务品质,物业从业人员必须树立正确的服务意识。只有从内心认同自己是服务人员,才能将物业服务做好做强。要知道,物业工作中"一事一物皆品质,举手投足皆服务"。因此,物业服务企业要从管理机构内部着手,通过推动管理者转变思想意识、加强对员工思想道德素质和自身素质的教育,增强员工的服务意识和创新意识。通过转变内部机制,增强员工的竞争意识,服务的质量自然就会有显著的提高。

1. 加快思想意识的转变,强化服务意识

物业管理人员应加快自身思想意识的转变,明确在服务方面的培养方向,加大培训力度,增强对服务市场建设的投资决策的预见性,不断加强对提升服务水平的理论和方案的探讨,同时加强对外部优秀企业的考察和学习,不断引进成功的管理经验,逐步推动服务管理水平向更高、更好的方向发展。

2. 加快人才的培养,形成具有专业化服务水平的专业人才力量

要想参与市场竞争,必须能为市场提供优质的产品。物业服务企业为市场提供的产品是服务,人才是物业服务企业能够提供优质服务的关键。所以,加快人才的培养是物业服务企业提供优质服务的基础。为此,可采取图3-12所示的措施。

图3-12 加快人才培养的措施

3. 改变内部机制,增强员工市场竞争意识

企业改革的主要目的就是完善其运行机制,若要达成目的,可利用以下几点:在提高服务水平方面下功夫,加强对员工业务素质的考核,做到奖罚分明;积极实施竞争上岗,符合服务要求的人员继续聘用、不符合服务要求的人员严格实施解聘制度;加强人才的优化选聘,实施专业岗位专业选聘,保证先进管理专业技术在企业中能够得到运用。

四、规范服务行为

物业管理的本质是服务,人们对现代物业管理服务的要求越来越高,物业服务企业必须提供规范化服务,努力提升服务水平,满足业户的服务需求,减少业户的投诉。具体要求如图3-13所示。

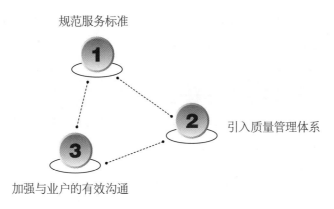

图 3-13　规范服务行为的要求

1. 规范服务标准

员工服装统一、举止文明、态度和蔼、语言亲切,成为物业服务的统一标准。只有在服务标准上多下功夫,造就业务水平高、管理经验丰富、自身素质强的管理队伍,才能满足当今物业管理发展的需要,才能满足业户对于物业规范化服务的需要。

2. 引入质量管理体系

在日常服务管理工作中引入 ISO 9001 质量管理体系,能够有力地确保物业管理工作中各环节能够切实履行,同时,还能够在其他方面提高管理水平。

凡是通过质量体系认证的物业服务企业,很可能是一个服务水平高、管理完善、广大业户信得过的好企业。

3. 加强与业户的有效沟通

物业服务企业提供优质服务的另一个关键,就是要在提高服务质量的同时,加强与业户的有效沟通,经常把有关规定和要求通过各种渠道传达给业户,推动业户理解、支持和配合,这是减少投诉的重要条件。

五、提高服务手段

时代不断前进,科技不断发展。物业服务企业在日常管理服务过程中,要加快先进技术和设备的引入,减少冗余的管理人员,提高服务的准确性、现代化水平和劳动效率。

比如,日常收费管理中利用专业的物业管理软件,方便物业员工对大量业主资料和收费资料进行查询和存档;小区启用全方位电子安防监控系统、可视对讲系统、周界防越报警系统,使物业服务更加方便快捷,业主生活更加舒适安全;运用信息网络系统,使业主感受到现代科技的发达,足不出户,便可做天下事。

所有更新的科学技术在小区物业管理中的运用，势必会提高物业管理服务水平，提高业户生活的品质，使物业服务企业的服务更加快捷和方便。

> **小提示**
>
> 　　服务质量的提升不是无条件的迎合，而是准确契合业户的需求，同时要平衡发展速度、经营效益。物业服务企业应回归自身，修炼内功，严控成本，狠抓公司治理，在追求服务品质的同时保障公司效益，在追求效益的同时保证服务品质。

第四章
物业财务管理

物业管理极简落地工作图解

第一节 物业费用收取与管理

物业费的收缴是一个比较敏感的问题，近两年来经常会出现一些业主拒缴物业费的事件。而物业费若收缴不来会严重影响物业服务企业的运作，所以，物业服务企业必须掌握这方面的相关知识及管理程序、措施。

一、物业费的构成

物业费是指物业服务企业按照物业服务合同约定，对房屋及配套的设施设备和相关场地进行维护、养护、管理，对相关区域内的环境卫生和秩序进行维护，而向业主所收取的费用。物业费一般由以下一些项目构成：

① 公共物业及配套设施的维护保养费用，包括外墙、楼梯、步行廊、升降梯（扶梯）、中央空调系统、消防系统、保安系统、电视音响系统、电话系统、配电器系统、给排水系统及其他机械、设备、机器装置和设施等。

② 聘用管理人员的支出，包括工资、津贴、福利、保险、服装费用等。

③ 公用水电的支出，如公共照明、喷泉、草地淋水等。

④ 购买或租赁必需的机械及器材的支出。

⑤ 物业财产保险（火险、灾害险等）及各种责任保险的支出。

⑥ 垃圾清理、水池清洗及消毒灭虫的费用。

⑦ 清洁公共区域及幕墙、墙面的费用。

⑧ 公共区域花卉、草坪种植及养护费用。

⑨ 更新储备金，即物业配套设施的更新费用。

⑩ 聘请律师、会计师等专业人士的费用。

⑪ 节日装饰的费用。

⑫ 行政办公支出，包括办公用品（如文具）等杂项以及公共关系费用。

⑬ 公共电视接收系统及其维护费用。

⑭ 其他为管理而产生的合理支出。

> **小提示**
>
> 物业共用部位、共用设施设备的大修、中修和更新、改造费用，应当通过专项维修资金予以列支，不得计入物业服务支出或者物业服务成本。

二、物业费的确定

物业服务企业可根据物业管理中发生的费用,确定收费的项目,并明确其适用范围。这是做好收费管理工作的基础。确定合适的收费标准并不是一件容易的事,具体可通过图 4-1 所示的几种途径来确定。

图 4-1 物业费的确定途径

1. 政府部门审定

物业管理中的重要收费项目和标准,由房地产主管部门会同物价管理部门审定,通过颁发法规或文件予以公布实施。如售房单位和购房人缴纳住宅维修基金、物业费及建设施工单位提交保修费等重要项目,由房地产主管部门提出标准,经物价管理部门核定后执行。

2. 会同业主商定

物业管理是由业主委托的契约行为,因而有的收费标准不必由政府部门包揽制定,可由物业服务企业将预算提交至业主管理委员会讨论、审核,经表决通过之后,制定合理的收费标准。此时,物业服务企业应及时拟定一份物业费标准审议会议的决议,一同印发给每位业主,并且从通过之日起按这一标准执行。物业服务企业每次在新的费用标准通过之后,要将每一项目的收费标准一次性向业主公布,在以后每月发放收费通知单时,只需通知费用总额就行了。

3. 委托双方议定

对于专项和特约服务的收费,诸如维修家电、接送孩子、代送牛奶、清扫保洁等项目,可由委托人与物业服务企业双方议定。根据提供服务的要求,按不同的管理水平确定不同的收费标准。这由用户与物业服务企业双方自行商定。

三、顺利收缴物业费

物业费的收缴是物业管理的重要环节,直接关系到小区的正常运转和业户的切身利益。对于物业服务企业来说,确保物业费的及时收缴是维持正常运营和提供优质服务的基础。为了确保物业费的顺利收缴，物业服务企业可以采取图 4-2 所示的措施。

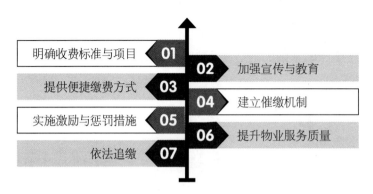

图 4-2　顺利收缴物业费的措施

1. 明确收费标准与项目

（1）依据法律法规与合同

物业服务企业应依据相关法律法规与物业服务合同，明确物业费的收费标准和收费项目，确保收费透明合理。

（2）公示制度

通过公告栏、宣传册、网站等多种渠道公示物业费的计费标准、收费周期及用途，提高业户的认知度和信任度。

2. 加强宣传与教育

（1）多种宣传方式

通过张贴公告、发放宣传册、举办讲座等方式，向业户普及收费的必要性和物业费的用途，增强业户的缴费意识。

（2）定期沟通

定期与业主委员会、业主代表等沟通物业费的收缴情况、使用计划等，听取业户的意见和建议，增进双方的理解和信任。

3. 提供便捷缴费方式

（1）建立多样化缴费渠道

提供线上支付（如微信支付、支付宝支付等）、自动缴费终端、物业服务 APP 等多种缴费方式，方便业户随时随地缴费。

（2）设立专门收费窗口

在小区内设立专门的收费窗口或指定银行账号，为不熟悉线上支付的业户提供便捷的缴费服务。

4.建立催缴机制

（1）及时发送催缴通知

对于逾期未缴的物业费，物业管理人员应及时通过电话、短信、书面通知等方式提醒业户缴费，并明确告知业户逾期后果。

（2）上门催缴

在发送催缴通知后，若业户仍未缴纳，物业经理可安排工作人员上门催缴，与业户面对面沟通，解决缴费问题。

5.实施激励与惩罚措施

（1）激励措施

对于按时缴纳物业费的业户，可以采取一定的激励措施，如赠送礼品、提供增值服务等，以鼓励业户积极缴费。

（2）惩罚措施

对于长期拖欠物业费的业户，在法律范围内可以采取一定的惩罚措施，如加收滞纳金、限制使用公共设施等。但需注意，不得采取停止供电、供水、供热、供燃气等方式催缴物业费。

6.提升物业服务质量

（1）优化服务

通过提升物业服务质量，如加强小区安全管理、改善环境卫生、提供及时维修服务等，吸引业户主动缴费，促使物业服务与物业费缴纳之间形成良好的正向循环。

（2）建立反馈机制

建立业户反馈机制，及时收集并处理业户的投诉和建议，不断改进物业服务水平。

7.依法追缴

对于恶意欠缴物业费的业户，物业服务企业在充分履行告知义务并保留好相关证据后，可以依法采取法律手段进行追缴，如向法院提起诉讼或申请仲裁等。

相关链接

国瑞物业收取物业费的经验和方法

大同市国瑞物业集团公司是响应国有企业分离办社会职能改革成立的国有物业公司，公司先后接管了晋能控股煤业集团两区56个小区，建筑面积1125.7万平方米、1812栋住宅、109445户，人口30多万人的物业管理工作。接管工作以来，国瑞物业始终坚持服务第一、业主至上的工作理念，紧紧围绕物业服务开展各项工作，物业费平均收费率连续六年达90%，收费工作取得了良好成果。主要有以下做法。

一、加强沟通、主动服务

物业站人员充分利用各种机会向业主宣传物业所做的工作，利用巡查机会与业主拉家常，征询业主对物业工作的意见和建议。对患有老年疾病、家中有空巢老人、家中有新生儿、儿女在外地工作的业主，如遇雨雪天气都会打电话询问情况，了解其是否需要帮忙，拉近与业主间的关系，对于重点对象更是登门服务，帮助一些业主洗衣做饭，购置生活用品，让业主感受到生活的温暖，在各类节日前向业主发送微信祝福，在与业主拉近距离的同时也深深感动了业主，有利于收费工作的顺利完成。

二、攻坚克难、真诚服务

各物业站将小区共有楼栋数平均划分给每个物业小组，每个小组再平均划分给个人，实行楼长制，楼长日常各自巡查各自的区域，发现卫生不干净、存在安全隐患等问题及时上报工作群，落实整改，提升服务品质。在催费过程中，通过电话、微信联系不到的业主，小组会在下班后夜间上门收取，客服主动备好零钱，维修师傅备好工具，上门后对于业主提出的问题，只要在能力范围内，能当下解决的及时解决，当下解决不了的，和业主做好解释工作，尽快解决，让业主感受到物业的真诚服务。

三、主动作为、解决难题

即使业主提出的问题不属于物业范围，物业站人员也不推诿，主动给予解决，物业站解决不了的上报集团公司，集团公司研究后给予解决，例如，老旧小区的屋顶漏雨是一大难题，由于部分楼栋的维修基金不到位，不能进行大修，物业为业主着想只能垫付物业费维修，为业主解决了实际困难，这样业主也就愿意按时缴纳物业费。

四、有的放矢、突出重点

各物业站在平时工作中突出抓重点人和重点事，对小区中经常挑毛病、散谣言、聚众挑事的重点人，物业站总是给予重点关注，主动靠近，与其交朋友，第一时间帮他们解决诉求，转变他们对物业的敌对态度，将他们可能造成的不利影响降到最低。

五、全员参与、分组定量

物业站维修、客服、保安等工作人员互相配合，分组定量，共同进行收费工作。维修人员上门服务时也不忘提醒业主缴纳物业费，对重点户主上门做工作，形成人人收、合力收的氛围。

六、严格落实岗位责任

物业站按公司要求，从上到下将责任制落实到工作中，把收费指标落实到个人，从站长到楼管员都有具体的任务指标，将收费指标与个人业绩考核挂钩，在周例会上进行讲评，强化了大家的收费意识。

七、分类管理、催费提醒

为了提高催费效率，各物业站建立了完善的住户管理明细与欠款信息数据，包括业主基本信息、欠费记录、催费记录、服务满意度等。通过记录，物业站可以全面了解业主的欠费情况，对不同的欠费情况定期进行催费提醒，提醒的方式包括发送短信、微信等，提醒的内容包括欠费金额、缴费期限、缴费方式等。在提醒后，对提醒的效果进行跟踪，并提供上门取费服务。

八、提供礼品优惠活动

为了提高业主主动缴费的积极性，物业站和周边饭店、美容店、理发店、美甲店、健身房等商铺合作，将这些店铺的优惠卡作为缴纳物业费可享受的优惠，为小区住户提供优惠活动，如对提前缴纳全年物业费的业主赠送一张能领300斤纯净水的水卡，每年春节免费送业主春联等。

四、物业费收支公示

物业费的收取事关所有业户的切身利益，因此，物业服务企业必须根据国家规定将各种收费标准及时公布出来，以便业户了解自己被收取了哪些费用，确保业户拥有对物业服务的知情权和控制权。

1.物业收费公示的内容

物业服务收费实行明码标价制度，物业服务企业应当在物业管理区域内的显著位置，将物业服务企业名称、收费对象、服务内容和标准、计费方式、计费起始时间、收费项目和标准、价格管理形式、收费依据、价格举报电话12315等有关情况进行长期公示，接受业户、物业使用人和价格主管部门的监督。

2.物业收费公示的方式

物业服务收费以公示牌（栏）公示的方式为主，在小区物业服务中心、宣传橱窗等物业管理区域内的显著位置进行公示，具备条件的可同时使用收费手册、LED（发光二极管）显示屏、社区网络、微信公众号、多媒体终端查询等方式予以公示。

3.物业收费公示的时间

物业服务企业应当于每年3月底前在物业管理区域内的醒目位置公布管理区域内上一年度的相关物业费收取、使用等情况，接受业户监督，且公示时间不得少于10天，并将公示材料送业主委员会（未成立业主委员会的送社区居委会）。

4.物业收费标准公示

物业收费标准受物价等因素的影响而发生改变,物业服务企业要及时将变动的物业收费标准公布出来,避免在业户毫不知情的情况下收费。

5.物业收支情况公示

物业服务企业应将公司的管理费收取及支出情况公布出来,以便业户及时了解。一般来说,收支情况应每季度公布一次。

五、物业收费难的应对措施

物业服务企业在物业收费过程中,经常遇到收费难的问题,因此而产生的纠纷和矛盾非常多。物业服务企业应采取适当措施应对物业收费难的问题。

1.弄清业户拖欠的原因

几乎所有的业户在不及时缴纳物业管理相关费用时,都会找出各种各样的理由和借口。

比如,对物业管理中的保安服务不满意,对物业服务企业工作人员的服务态度不满意,对保洁服务不到位有意见,认为公共设备、设施权属问题不明,家中东西被盗,等等。

当被欠费时,物业服务企业应立即对业户所提出的各种理由和借口进行判断,分析其拖欠的真实原因和意图。一般来说,有以下两种情况。

(1)善意拖欠

其中有一些原因确实是物业服务企业方面造成的,可称之为"善意拖欠"。对于善意拖欠,双方可通过及时沟通、协调,达成一致的解决办法,目的是推动物业服务企业在及时收回欠款的同时维护与业户的良好关系。

(2)恶意拖欠

如果因对物业服务企业某方面的工作不满意,从而拒缴所有的费用,包括水费、电费、燃气费等费用,造成物业服务企业不但未能收到物业费,还要垫付业户家所有的费用包括理应由其承担的水、电公摊费,这种则属"恶意拖欠"。

> **小提示**
>
> 对于恶意拖欠,物业服务企业必须给予高度重视并采取强有力的追讨措施,加强对应收账款(费用)回收情况的监督。

2. 密切关注应收账款（费用）的回收情况

一般来讲，拖欠的时间越长，催收的难度越大，款项收回的可能性越小。为此，物业服务企业应密切关注应收账款（费用）的回收情况，以免影响其他业户缴纳相关费用的积极性，损害广大业户的合法权益。

① 对已掌握的业户信息进行分析处理，对已形成欠款的业户进行分类，并对重要业户进行重点关注。可以按照业户性质来划分，分为政府机构、大型企业、普通企业、个人业户等；也可以按照建立业务关系的时间来划分，分为老业户、新业户；也可以按欠款金额大小来划分，分为重要业户、一般业户和零星业户。

② 编制应收账款（费用）账龄分析表。利用应收账款账龄分析表可以了解物业服务企业有多少欠款尚在信用期内，这些款项虽然未超出信用期，但也不能放松管理、监督，以预防新的逾期账款（费用）产生。另外，应收账款账龄分析表还会显示有多少欠款会因拖欠时间太久而可能成为坏账，这些信息和分析数据都是物业服务企业制定收账政策和采取收账方式的重要依据。

> **小提示**
>
> 物业服务企业应将业户信用期确定为一个月或半年等，有的业户采取年中或年末一次性交款的方式来支付相关费用，虽然拖欠了几个月，但只要在该年内结清，都应视为正常。

3. 选择恰当的收费策略

对不同拖欠时间、不同信用品质的业户的欠款，物业服务企业应采取不同的催款方式和策略，这样往往会收到事半功倍的效果。

（1）催款方式

催款的方式一般是循序渐进的，即按照发送信函、电话联系、上门面谈、协商或者仲裁、诉诸法律的方式催款。具体方式如图4-3所示。

对逾期时间较短的业户	对逾期时间较长的业户	对逾期时间很长的业户
不要过多地打扰，以免引起业户的反感；对逾期时间稍长的业户，可以婉转地电话催款	可以连续发送催款单、电话催款或者上门催款	除了连续发送催款单、电话催款或者上门催款外，必要时提请有关部门仲裁或提起诉讼

图4-3 催款方式

（2）防止超过诉讼时效

物业服务企业在应收账款（费用）的催收过程中，一定要想办法防止账款催收超过诉讼时效，要有意识地不造成诉讼时效的中断，保全企业的收入。工作人员在催收欠款时，要争取收集到欠款的证据，依法使诉讼时间延长。

比如，工作人员亲自上门送催款单并请债务人（业户）签字；对部分还款的债务人（业户），应请求其在发票或者收据上签字；对欠款金额比较大的债务人（业户），可以请求其制定还款计划书，双方在还款计划书上签字确认。

（3）对欠费业户施加足够的收款压力

业户拖欠时间长短往往取决于物业服务企业收款人员的态度。大多数严重拖欠都是发生在拖欠的早期，由于收款人员没有对欠费业户施加足够的收款压力导致的。为了有效地对欠费业户施加足够的压力，应注意图4-4所示的几点。

1. 应保持与欠费业户的联系和沟通，适时地表达收款的要求

2. 尽量收集齐全对保护物业服务企业有利的证据，并让欠费业户加以了解

3. 谨慎地给欠费业户压力，不给其继续拖欠的借口

图4-4　对欠费业户施加收款压力的注意要点

4.建立应收账款（费用）坏账准备制度

无论物业服务企业采取什么样的信用政策，只要存在着商业信用行为，坏账损失的发生总是不可避免的。

既然应收账款（费用）的坏账损失无法避免，企业就应遵循谨慎性原则，对坏账损失的可能性预先进行估计，建立应收账款（费用）坏账准备制度。物业服务企业应根据业户的财务状况，正确估计应收账款（费用）的坏账风险，选择适当的坏账会计政策。

根据现行会计制度规定，只要应收账款（费用）逾期未收回，符合坏账损失的确认标准之一的，物业服务企业均可采用备抵法进行坏账损失处理。

在实际操作中，大多数物业服务企业对业户未缴纳物业费而形成的逾期收入部分，在当期都没有进行账面反映，也没有计提坏账损失。这样，一是当期反映的管理费收支结余与实际不符；二是少数业户不缴物业费，损害的是大多数业户的利益，很不公平。所以，物业服务企业应如实反映物业费的收入，对逾期未缴的管理费不仅不要反映收入，符合坏账损失确认标准的，还要在当期计提坏账损失，真实反映该项目物业费的收支结余情况。

5.做好业户的沟通工作

业户欠费各有原因，物业服务企业应派专人多走访欠费业户，深入了解情况，有针对性地多做说服沟通工作。对那些不了解情况、不理解收费道理、不明白收费用场、误解物业

服务企业的欠费业户，经过解释说服，大多数都能改变态度。

物业服务企业应时刻与业户保持良好的沟通，了解业户的需要，及时发现各种潜在的问题，并把它消灭在萌芽状态。保持热情、周到、真诚是有效开展物业管理各项服务工作的前提条件。

6.借助业主规约和业主委员会的力量

在走访业户的同时，还要借助业主规约和业主委员会的力量。业主规约是由业户共同制定的有关物业的共有部分和共同事务管理的协议，对全体业户具有约束力。

按时依约缴费是业主规约规定的每个业户应尽的义务。物业服务企业应充分重视业主规约的作用，宣讲业主规约的精神，积极协助业主委员会督促业主履行业主规约，发挥业主规约的基础制约作用。

同时，物业服务企业可以要求业主委员会履行《物业管理条例》，赋予其帮助物业服务企业追讨欠费的义务。

7.完善物业管理服务合同

制定双方权利义务明晰的服务合同，详细明确地约定服务范围、项目、标准与收费方式及违约处罚办法等，为后期减少纠纷、解决纠纷打下良好的基础。这也是在许多外在条件不具备的情况下，物业服务企业与业户解决相关问题时可以着重依赖的途径。

第二节 预算编制与执行

全面预算管理是企业战略目标和近期任务的具体体现，可以具体到各部门、各项目、各责任人，在企业发展中发挥着至关重要的作用。凡事预则立，不预则废。物业服务企业要高度重视全面预算管理，结合自身战略和管理现状，不断完善符合实际的预算管理机制，使预算编制更加便捷，编制的预算更加可控，预算执行结果能全面反映物业服务企业的实际经营情况，提高全面预算管理的效率。

一、全面预算的内容

在物业服务企业内，业务种类较多，而且企业在不同发展阶段的战略目标不尽相同。在不同发展阶段，物业服务企业的运营模式千差万别，在编制预算方案时，就要着重考虑单位年度的经营计划及目标状况，以企业的经营收益作为指导，制定有针对性的、目的性更强的方案。一般情况下，在构建全面预算体系时，要以企业的管理框架作为基础，对企业的经营收入、经营成本和目标利润进行预算。

1. 经营收入的预算

确定物业服务企业的经营收入是全面预算方案编制的首要环节，其中确定物业服务企业的车位费、物业服务费、场地租赁费等收入，是全面预算方案编制的关键环节。在编制中，会涉及收费标准、收费面积，这两种数据属于常量，而物业服务企业的收费率属于变量。

2. 经营成本的预算

确定物业服务企业经营成本的预算，也是全面预算编制的重要管理环节，要以物业服务的工作流程和节点为出发点。物业服务企业内会形成维修费及房间改造费、建筑物及公共设施维护费、家私调整人工费、机械物料消耗费、消杀/清洁费、物业恢复费、电梯保养费、电梯年审费、电梯维修费、消防维保服务费、消防设备维修费、空调维保费、空调能耗费、监控维保费、监控设备维修费，这些都是物业服务企业主要的运营成本，其中人工成本是企业经营成本的关键。物业服务企业应强化对人工成本预算的编制控制，优化设计岗位体系，以项目等级定位作为前提，然后以物业项目发展阶段作为指导，根据物业服务企业的资源特征，制定可行的物业运营方案，构建成本预算执行过程中涉及的岗位合并机制，使单位内部可以实现一人多岗、一岗多能，以减少人工成本。制定企业内部不同人员的薪酬标准时，以年度薪酬标准作为依据，以市场数据作为指导，结合行业指标，确定企业的薪酬定位，通过对比指标，确定符合企业发展的薪酬标准，之后要比较物业项目中的人均产值和人均费用，使人工的成本预算达到可行的标准。在公共设施的维护费方面，这些费用属于项目投入，也是成本预算的关键内容。在编制预算方案期间，要确定设施维护费用的标准，同时还要计算未来企业的保洁费、绿化费、物料的消耗费用。

3. 目标利润的预算

物业服务企业以追求利润作为经营的目标，在编制预算方案时，利润目标也是预算中的核心内容。物业服务企业可根据各项目特征，采取相应的管控措施，并构建项目运营模式。以年度、季度、月度作为阶段，设置经营指标，领导各服务单位部门实现经营指标，为物业服务企业创造更多的经营价值和利润。

二、全面预算的编制

物业全面预算编制是确保物业管理活动有序进行的重要步骤，它涉及对资金的科学规划和合理分配。以下是物业全面预算编制的详细步骤和要点。

1. 确定全面预算编制的时间范围

通常全面预算编制的时间范围为一年，但也可以根据企业实际情况进行调整。

2.收集与分析相关数据

（1）近期财务报表

收集资产负债表、利润表、现金流量表等，以了解物业服务企业的财务状况。

（2）预测和估算数据

预测和估算物业销售量、服务费用、设备维护费用等，这些数据对于预算编制的准确性和合理性至关重要。

（3）历史数据

回顾过去的经验和趋势，利用历史数据来预测未来的财务状况。

3.制定预算目标

根据企业的经营方针和策略，确定制定预算目标的总体方向和重点。同时，为了确保预算目标符合业户的期望和需求，需要通过协商和沟通与业户达成共识。

4.编制预算计划

预算计划应包括表 4-1 所示的内容。

表 4-1　预算计划的内容

序号	内容	具体说明
1	收入预算	（1）分类预测：按照不同服务项目进行分类，对每个服务项目的收入进行预测 （2）考虑市场需求：根据市场需求和价格弹性，制定合理的收费标准 （3）市场竞争分析：分析市场竞争状况，考虑自身在市场中的竞争力和所占份额
2	支出预算	（1）区分固定与变动支出：将支出按照性质进行分类，并对每个支出项目进行预测 （2）成本控制：考虑成本控制和效能改善，以提高物业服务企业的经济效益和管理绩效 （3）风险应对：在预算编制过程中，考虑多种不确定因素和风险，制定相应的应对策略
3	现金流量预算	（1）分类预测：将现金流量按照经营、投资和融资活动进行分类，并对每个活动的现金流量进行预测 （2）资金需求：根据物业服务企业的经营情况和资金需求，制定合理的月度、季度和年度资金预算

5.审核与调整

对预算计划进行合理性、可行性和准确性审核。如果存在问题或差异，及时进行调整，以确保预算计划的准确性和实用性。

6.审批与执行

将经过审核与调整的预算计划提交给相关部门或业主委员会进行审批。在审批通过后,预算计划将正式执行。

7.监控与控制

对预算计划的执行情况进行实时监控,确保预算计划的执行情况符合预期。根据预算计划执行情况与实际情况的对比分析,及时采取调整措施。

8.定期评估与调整

定期评估预算计划的执行情况,了解预算计划执行的实际效果。根据实际情况对预算计划进行调整,以适应新的变化和需求。

9.报告与沟通

向业主委员会、相关部门和投资者进行定期报告,让他们了解物业的财务状况和发展情况。同时,与业户、相关部门和投资者保持密切联系,增强多方之间的透明度和信任度。

三、全面预算的执行

物业服务企业全面预算的执行是一个系统而复杂的过程,需要确保预算的合规性、有效性和灵活性。

1.预算执行前的准备

(1)明确预算目标

确保所有相关人员都清楚地了解预算的目标和期望结果,包括收入、支出、利润等关键指标。

(2)制订执行计划

根据预算内容,制订详细的执行计划,包括时间节点、责任人、执行步骤等。

(3)人员培训

对相关人员进行培训,确保他们了解预算执行的重要性、执行过程中的注意事项以及可能遇到的问题和解决方案。

2.预算执行的步骤

预算执行的步骤如图4-5所示。

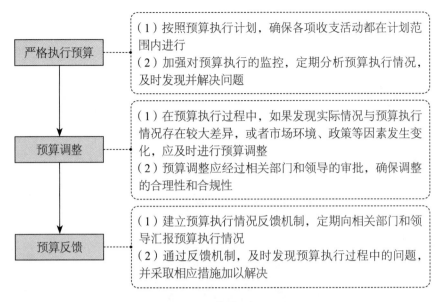

图 4-5 预算执行的步骤

3.预算执行的要点

（1）确保合规性

在预算执行过程中，应严格遵守相关法律法规和公司规章制度，确保预算执行的合规性。

（2）强化成本控制

通过加强成本管理和控制，减少不必要的支出，提高经济效益。

（3）注重效率提升

在保障服务质量的前提下，通过优化工作流程、提高管理效率等方式，降低运营成本。

（4）加强信息化建设

利用信息化手段，提高预算执行的效率和准确性。例如，建立预算管理系统，实现预算数据的实时更新和监控。

（5）建立奖惩机制

将预算执行情况纳入考核体系，建立奖惩机制，激励员工积极参与预算执行工作。

4.预算执行后的持续改进

（1）总结经验教训

在预算执行结束后，对执行过程进行总结分析，总结经验教训，为下一年度的预算编制和执行提供参考。

（2）优化预算编制方法

根据预算执行情况和市场环境变化，不断优化预算编制方法，提高预算编制的准确性和有效性。

（3）加强沟通协调

加强与其他部门和业户的沟通协调，共同推动预算执行的顺利进行。

 相关链接

全面预算管理中的沟通

一、实施沟通的目的

沟通的有效实施能够使员工对企业内外部信息先有所认知、再达成共识、最后将其视为己任，从而推动员工主动参与决策并积极实施决策。

二、沟通成功的关键因素

成功的沟通需要良好的管理，并辅以内容具体、明确的沟通计划。沟通成功的关键因素包括沟通对象、沟通内容、沟通渠道和沟通频率。

1.沟通对象：哪些是需要得到信息的人

根据不同的沟通内容和沟通目的，选择最有效的沟通对象。

2.沟通内容：需要怎样的信息

沟通的内容与传达的信息应该是多层面、多角度的，并且能够正确反映现状。

在沟通过程中，需要考虑人们的接受习惯，传递的信息应由粗到细，使信息量逐渐增加。

3.沟通渠道：怎样传播这些信息

（1）在组织中建立起沟通渠道，并确保这些渠道的双向性与畅通性，使员工能够有效地表达个人想法，提出建议。

（2）建立并使用口头、书面、电子通信等多种沟通方式，使员工能够从不同渠道获得所需信息，进而了解企业的各项活动并持续给予支持。

（3）根据不同沟通对象的特点，选择不同的沟通渠道。

4.沟通频率：何时需要这些信息

根据沟通内容的特征和重要程度，选择常规性、经常性与即时性相组合的沟通频率。

三、预算管理沟通的主要内容

沟通工作是企业全面预算管理工作中的重要组成部分。在全面预算管理工作过程中，有效的沟通将有助于企业在预算管理工作中形成全面系统的横纵向沟通机制，有助于员工积极参与公司的预算管理工作，由此推动各项预算管理工作的顺利开展。

沟通计划的制订将主要针对战略，全面预算管理理念与制度以及预算启动、编制、下达与执行的过程这三个方面。

1.战略的沟通目标

战略沟通的目标在于帮助企业全体员工了解、接受企业的战略目标，使其在编制部门经营计划和预算时，能够系统地考虑如何通过工作经营计划和预算来进行资源的有效配置，以实现企业战略。

2.全面预算管理理念与制度的沟通目标

对全面预算管理理念与制度进行沟通的目标在于帮助企业员工准确了解全面预算管理在企业经营中的作用、重要性及其与其他职能之间的联系，消除现有的一些阻碍全面预算管理工作的错误观点，并且通过全面预算管理制度培训，明确各部门和岗位在全面预算管理中的职责，更有效地进行全面预算管理工作。

3.预算启动、编制、下达与执行过程的沟通目标

对预算启动、编制、下达与执行过程进行沟通的目标在于能与相关部门就经营目标的设定过程、预算数额的审批结果、某些预算数额调整的原因进行及时、双向的交流，获得相关部门的接受和认可，这样做有利于预算下达后的执行，避免员工因不理解预算数额的确定过程而在执行过程中产生不良情绪，影响工作的进行。

第三节　成本分析与控制

物业项目成本管理涉及人、财、物管理的各个方面，物业行业微利的特性决定了成本管理既是顶层的公司经营战略，也是基层项目营收的重要手段，这就要求物业服务企业制度先行、全员参与、因地制宜，制定成本管理目标，落实考核，以保障企业稳定健康发展。

一、物业管理成本的构成

物业管理成本由以下两个部分构成。

1.营业成本

营业成本是企业在从事物业管理活动过程中发生的各项直接支出，它包括直接人工费、直接材料费和间接费用等，如图4-6所示。

直接人工费

包括企业直接从事物业管理活动的人员的工资、奖金及员工福利费等

直接材料费

包括企业在物业管理活动中直接消耗的辅助材料、燃料和动力、构配件、零件、低值易耗品、包装物等各种材料

间接费用

包括企业所属物业管理单位管理人员的工资、奖金及职工福利费、固定资产折旧费及修理费、水电费、取暖费、办公费、差旅费、邮电通信费、交通运输费、租赁费、财产保险费、劳动保护费、保安费、绿化维护费、低值易耗品摊销及其他费用等

图4-6　营业成本的构成

2.期间费用或经营管理费用

期间费用或经营管理费用是物业服务企业在提供物业管理服务过程中发生的支出，与物业管理服务活动没有直接联系，属于某一会计期间耗用的费用。营业成本与期间费用两者不得混淆、互相挤占。营业成本的补偿随着产品的销售逐步实现，期间费用则计入当期损益。凡期间费用都要按有关规定（或标准）分别计入管理费用或财务费用。这样，就能弄清企业的直接耗费和间接耗费，准确地核算企业的成本和损益，促进企业加强成本管理，降低成本，提高效益。

（1）管理费用

管理费用是物业服务企业行政管理部门为管理和组织物业管理服务活动而发生的各项费用，包括公司经费、工会经费、职工教育经费、劳动保险费、失业保险费、董事会费、咨询费、审计费、诉讼费、排污费、绿化费、税金、土地使用费、土地损失补偿费、技术转让费、技术开发费、无形资产摊销、开办费摊销、业务招待费、坏账损失、存货盘亏、毁损和报废（减盘盈）损失以及其他管理费用等（注：实行一级成本核算的物业服务企业，营业成本中可不设间接费用科目进行核算，直接将间接费用全部计入管理费用）。

> **小提示**
>
> 其中税金是指企业按规定支付的房产税、车船使用税、城镇土地使用税、印花税等。无形资产摊销是指专利权、商标权、著作权、土地使用权等无形资产的摊销。

（2）财务费用

财务费用是物业服务企业为筹措资金而发生的各项费用，包括利息净支出、汇兑净损失（汇兑损失减去汇兑收益）、金融机构手续费、公司筹资发生的其他财务费用。

二、人力成本控制

物业项目的人力成本与人员编制直接相关。提升人均效能、降低人员编制是人力成本控制的关键。物业服务企业可参考图4-7所示的措施来做好人力成本的控制。

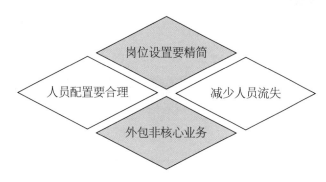

图4-7 人力成本控制措施

1.岗位设置要精简

岗位设置的要求如下:

① 根据物业服务企业与业主签订的服务协议上所规定的,物业服务企业提供的服务品质需达到的标准为前提设置相应的岗位,关键是以节约人工成本为主。

② 各个管理处内部尽量采用三级管理模式进行管理,比如,员工、班组长主管、经理。对于基层管理职位,不要设置过渡性岗位,比如主管助理、副班长,如果设置了过渡性岗位,就会增加管理层次,会让员工觉得和领导交流是一件可望而不可即的事情,直接影响企业的凝聚力。各个管理处的行政类职责最好是合并到客户系列工作中,这样有利于拓展客户系列的人员提升对内对外的沟通协调能力。特别是仓库管理员更是需要合并的岗位,前提是物资采购可以由物业服务企业就近选择供应商并采用定点采购和定期付款的方式,尽量减少库存物资的囤积,增加流动资金。

③ 职能部门的设置要少而精。物业服务企业职能部门的设置,应以精干、高效为宜,部门越少、人员越精越好。机构庞大、人员冗杂是极大的资源浪费,不但增加了成本,还增加了内耗,降低了管理效益。

2.人员配置要合理

① 建立全覆盖、成体系、可推广的人员配置标准,并将这一标准整合为项目经营模式,通过输入各类项目条件的基础指标,测算项目运转所必需的人员编制,严格按编制进人用人,保证人岗对应。

② 可将保安、保洁、绿化等专项服务外包给专业公司,物业服务企业自身作为服务集成商,将精力聚集于客户服务、工程管理等多种经营方面,并实现社保、福利成本的

转嫁。

③ 可通过项目硬件升级、自动化设备引入，实现设备代岗；利用巡逻机器人、扫地车、滴灌机等替代部分岗位，提升人员工作效率。

3. 外包非核心业务

物业传统"三保"：保安、保洁、保修。这三个方面的开支是物业人力成本支出的主要部分，从这三个方面减人数、降成本，很可能会影响服务水平和质量，降低业户满意度，这样就得不偿失了。那如何在保证服务和降低成本之间找到平衡呢？

目前很盛行的办法就是外包买服务，按人头费算工资，不用缴纳社保费。物业经理在选择岗位外包时，需要兼顾成本和服务的平衡，选择与业户接触少的岗位外包是很多物业服务企业的选择。经常接触业户的岗位如保安和保修最好是企业自有人员，这样更有责任感和稳定性。

特别是大门口的保安，如果经常更换，会让业户很没有安全感。上门服务的维修人员也是如此，如果经常更换，每次上门的都不是同一个人，业户就会觉得该物业服务企业不太可靠。所以外包时，可选择与业户接触不那么频繁的岗位，如绿化岗、保洁岗，这类岗位的职工只要干好活，保持小区干净整洁，是不是生面孔并不会产生重大影响。

4. 减少人员流失

物业管理行业的人员流动率高，在一定程度上会增加人员的招聘以及培训成本。对此，物业服务企业可采取表 4-2 所示的措施来减少人员的流失。

表 4-2　减少人员流失的措施

序号	措施	具体说明
1	提升薪酬福利	合理的薪酬是吸引和留住员工的基础。确保公司的薪酬体系具有市场竞争力，并定期对市场薪酬水平进行调研，以便及时调整。此外，提供包括健康保险、退休金计划、带薪休假等全面的福利也是吸引员工的关键
2	职业发展规划	为员工设计清晰的职业发展规划，提供培训和学习机会，帮助他们提升技能和职业素养。这不仅有助于员工个人的成长，也能增强他们对公司的忠诚度和归属感
3	建立良好的企业文化	建立积极、开放、包容的企业文化，让员工感受到被尊重，认识到自身价值。通过开展团队建设活动、员工表彰等方式，增强团队凝聚力和员工满意度
4	强化沟通机制	建立有效的上下级沟通机制，鼓励员工表达意见和建议。及时了解员工的需求和困惑并尽力解决，让员工感受到公司的关怀和支持

续表

序号	措施	具体说明
5	优化工作环境	提供安全、舒适、便捷的工作环境，包括物理环境和心理环境。比如，改善办公设施、优化工作流程、减少不必要的工作压力等，都有助于提高员工的工作效率和满意度
6	实施绩效激励机制	建立公平、透明的绩效评估体系，将员工的薪酬待遇、晋升机会与绩效表现挂钩。通过奖励优秀员工，激发全体员工的积极性和创造力
7	关注员工心理健康	提供心理健康支持和咨询服务，帮助员工应对工作和生活中的压力和挑战。同时，关注员工的工作与生活平衡，避免过度加班和劳累
8	灵活的工作安排	实施灵活的工作制度，如远程办公、弹性工作时间等，以满足员工的不同需求和期望。这有助于提高员工的工作满意度和忠诚度

三、设备维护成本控制

在物业管理中，设备维护是一个非常重要的环节。设备维护的好坏直接关系到物业管理的质量和客户满意度。其中，设备维护所需要的成本是一个不可忽略的问题。如何控制设备维护的成本，是物业服务企业需要考虑的问题。

1.设备维护成本的构成

设备维护成本的构成，以产生成本的对象为标准，可以划分为三种类型。

① 能源成本：因耗电、耗水、耗气（油）等产生的成本。

② 维修成本：维修工具、常用维修材料、设备低值易损零部件、设备贵重核心零部件等物资采购与储备成本。

③ 人工成本：定编人工成本、临时人工成本、外包人工成本等。

2.设备维护成本的控制措施

物业服务企业可参考表4-3所示的措施来控制设备维护成本。

表4-3 设备维护成本的控制措施

序号	控制措施	具体说明
1	定期保养设备	制订科学的保养计划，根据设备类型和运行状况确定合适的保养周期和保养方式，以便有效降低设备故障率和减少维修次数，从而降低维修成本
2	及时维修设备	设备发生故障时，应及时进行维修，减少因设备故障导致的停机损失和维修成本，提高设备性能的稳定性和可靠性。维修分为预防性维修和故障性维修，预防性维修更为重要，能在设备未出现故障前进行维护，避免故障发生

续表

序号	控制措施	具体说明
3	适时更换设备	当设备维修成本远高于购买成本时,应考虑更换新设备,避免频繁维修旧设备带来高昂成本,提高整体运营效率。更换时应选择更加耐用和稳定的设备,以降低长期维护成本
4	科学管理设备	对设备进行分类管理,建立详细的巡检、使用和维护记录,提高设备管理的规范性和科学性,降低设备故障率和减少维护成本。通过定期巡检及时发现设备问题,避免小问题演变成大问题
5	采用高质量设备	在采购设备时,优先考虑质量可靠、性能稳定的设备,以降低设备故障率和减少维修次数,降低长期维护成本
6	建立科学的设备维护制度	制度内容应包括规范化的巡检、维修、保养流程、设备维护记录等,以提高设备维护的效率和规范性,减少人为因素导致的维护成本
7	引入智能化设备管理系统	比如引入智能门禁系统、智能照明系统、智能水表监控、巡检机器人等,以减少人力成本,提高能源和水资源的利用效率,提升服务质量

四、物料消耗成本控制

为确保给业主（租户）提供良好的服务，物业服务企业需采购、储存各种工具、备品、备件、材料和原料等货物（以下统称为物料）。

物料消耗是物业管理的重要领域，是指物业管理服务过程中对用品、机具、工具、器材等的耗用。物业服务企业的成本费用除了人工费用之外，物料消耗成本占了很大比重。合理采购和有效储存物料是企业成本控制的主要环节之一。

1.建立科学的采购管理体系

（1）制订采购计划

根据实际需求，明确采购物料的种类、数量和采购周期，避免盲目采购和库存积压。定期进行市场调研，了解物料市场价格动态，选择性价比高的产品。

（2）优化采购流程

优化采购流程，减少不必要的中间环节，提高采购效率。

（3）引入电子采购系统

引入电子采购系统，实现采购流程的自动化和信息化，减少人为错误和成本。

（4）加强供应商管理

建立严格的供应商准入和评估机制，选择信誉良好、价格合理、服务优质的供应商。定期与供应商进行沟通，对供应商进行评估，确保物料质量和交货期的稳定性。

2.实施精细化管理

（1）物料分类管理

对物料进行分类管理，按照使用频率、价值水平等因素进行分类，采取不同的管理措施。对价值高、易损耗的物料进行重点监控和管理，确保合理使用和减少浪费。

（2）建立物料台账

对每种物料建立详细的台账，记录物料的入库、出库、库存等信息。定期进行库存盘点，确保账实相符，及时发现和处理物料短缺或积压问题。

（3）推广节约文化

加强对员工节约意识的培养，鼓励员工在日常工作中注意节约物料，减少浪费。通过培训和宣传，加深员工对物料成本控制的认识，提高其重视程度。

3.采用先进的成本控制方法

（1）引入智能化管理系统

利用智能化管理系统对物料进行实时监控和管理，提高物料使用的透明度和可追溯性。通过数据分析，发现物料使用中的问题和改进点，优化物料配置，提高物料使用效率。

（2）实施定额管理

对关键物料实施定额管理，根据历史数据和实际情况制定合理的消耗定额。定期对定额管理的执行情况进行检查和考核，确保物料消耗维持在合理范围内。

（3）开展成本分析

定期对物料成本进行分析，了解成本构成和变化趋势。针对成本高的环节进行深入分析，找出原因并制定相应的改进措施。

4.建立成本控制的责任制和考核机制

（1）明确成本控制责任

将物料成本控制责任落实到具体部门和岗位，明确责任人和职责范围。建立健全的成本控制责任制和考核机制，确保成本控制工作的有效实施。

（2）加强考核和激励

定期对成本控制工作进行考核和评价，对表现突出的部门和个人给予奖励和表彰，对成本控制不力的部门和个人进行问责和处罚，从而形成有效的激励和约束机制。

五、节能降耗减成本

节能降耗，简言之就是节约能源、降低消耗，用最少的投入去获取最大的经济效益。

物业服务企业应采取多种措施来实现节能降耗目标，以便减少企业的运营成本，提高能源利用效率，并为业户创造更加绿色、环保的居住环境。

1.物业自用能耗的节能降耗

物业自用能耗的节能降耗措施如表4-4所示。

表4-4 物业自用能耗的节能降耗措施

序号	要点	措施
1	办公室照明	（1）使用节能灯具：在办公室内，连续照明超过2小时的地方应使用节能灯具。在采光良好的情况下，不得开启室内照明灯具 （2）智能控制：在开关处张贴"人走关灯"的标识，提醒员工外出或长时间不使用时随手关灯。同时，可考虑使用智能感应开关，实现自动控制照明 （3）时间管理：制定照明使用时间表，如仅在工作时间开启必要的照明设备，在非工作时间或无人区域及时关闭
2	办公室空调	（1）温度设定：将空调温度设定在合理范围内，如夏季不低于26℃，冬季不高于20℃。在温度适宜时，尽量关闭空调或调至节能模式 （2）使用时间控制：严格控制空调使用时间，如仅在办公时间开启，并设定合理的开关机时间 （3）维护保养：定期对空调进行清洗和维护保养，确保其运行效率，减少能耗
3	办公设备	（1）关闭不使用的设备：对长时间不使用的办公设备，应及时关闭电源，如电脑、打印机等。短暂休息期间，可启用电脑的睡眠模式 （2）节能设置：对办公设备进行节能设置，如设置自动关机时间、降低屏幕亮度等
4	其他	（1）节约用水：在厨房、卫生间等区域使用节水设备，如节水龙头、节水马桶等 （2）减少一次性用品：鼓励员工使用可重复使用的办公用品，如钢笔、水杯等，减少一次性用品的消耗

2.小区公共区域照明设施的节能降耗

小区公共区域照明设施的节能降耗措施如表4-5所示。

表4-5 小区公共区域照明设施的节能降耗措施

序号	要点	措施
1	室内公共照明	（1）声光控制：采用声光控制的方式进行照明控制，确保在有人时才开启照明设备 （2）节能灯具：使用节能灯具替换传统的高能耗灯具 （3）时间管理：制定严格的照明开启和关闭时间表，并根据季节和天气变化进行调整

续表

序号	要点	措施
2	室外公共照明	（1）定时控制：根据小区实际情况制定室外照明开启和关闭时间表，并严格执行 （2）智能感应：在部分区域安装智能感应照明设备，该设备能根据人员活动情况自动调节照明亮度

3.小区共用配套设施的节能降耗

（1）电梯

根据小区居民出行规律，制订电梯分时运行计划，如夜间减少运行台数。有条件的小区使用节能型电梯，在非高峰时段开启节能模式。

（2）水系景观和景观照明

水系景观（含喷泉、人造瀑布等）、景观照明（各类地灯、水灯等）的开启要制定严格的运行时间表，按照时间表运行，并指定专人执行。禁止24小时运行。

4.增强员工节能意识

（1）开展节能培训与宣传

物业服务企业应定期开展节能培训与宣传，增强员工的节能意识，使员工养成良好的节能习惯。同时，鼓励员工提出节能建议，共同参与到节能降耗工作中来。

（2）建立节能奖励机制

设立节能奖励基金，对在节能降耗工作中表现突出的员工给予奖励，激发员工的节能积极性。

5.鼓励业户参与

物业节能降耗工作是社会活动，涉及各家各户。对业户、企业、社会来说，节能降耗是一项"多赢"事业。因此，不仅要激励企业员工参与，还要鼓励广大业户积极参与。企业员工和广大业户相互配合，互补互动，正确决策，就可以真正实现以人为本，使物业节能降耗工作进行得更顺利，效果更好。业户参与节能降耗可以从自用物业和公用物业两个方面入手。物业服务企业一方面要在小区内开展节能宣传教育，加大可持续发展、绿色消费、绿色文明等新理念的灌输力度，增强业户节能降耗的意识和在日常生活中节能降耗的主动性和积极性；另一方面，要维护业户对物业共用部分节能降耗的知情权、参与权和监督权，建立相关制度，使业户参与真正落到实处。

6.推广绿色建筑与新能源应用

（1）绿色建筑设计

物业服务企业在新建或改造项目时，应优先考虑绿色建筑设计，采用节能环保材料和技术，降低建筑能耗。

（2）新能源应用

积极推广太阳能、风能等新能源的应用，例如，在小区内安装太阳能路灯、太阳能热水器等，减少传统能源消耗。

第五章
人力资源管理

第一节　招聘与选拔

员工的招聘与选拔是物业服务企业日常工作的一个重要组成部分，只有做好了这项工作，物业服务企业才能为公司物色合适的员工，为小区提供最好的服务。

一、明确招聘条件

物业服务企业在公开招聘员工之前，应成立一个招聘小组，负责招聘前的准备、招聘等一系列工作。招聘前的准备工作主要是制订招聘计划和起草各种招聘文书。招聘计划的实质是拟定人员补充政策，目的是让物业服务企业在中长期内，能合理地、有目标地将符合数量、质量和结构要求的人员补充到空缺或可能空缺的职位上。

物业服务企业通常划分为决策层、管理层和操作层三个层次，为了使各层次人员的招聘条件切合实际，物业服务企业在招聘时必须根据招聘工作的基本标准，研究各层次人员的知识与能力结构，如表 5-1 所示。

表 5-1　各层次人员的知识与能力结构

层次	必备知识	必备能力
决策层	（1）了解房屋结构及设备、设施等修缮的基本知识 （2）了解房地产有关理论，掌握开发、经营、管理、估价等基本知识 （3）了解有关法律知识 （4）熟悉计算机应用的相关知识 （5）熟悉房屋完损等级标准和安全管理基本知识 （6）熟悉国家和本地区的物业管理法律、法规、政策，掌握物业管理的基本理论与实务 （7）掌握物业服务企业经营管理的相关知识	（1）具有制定物业服务企业长期发展规划、建立健全企业管理制度的能力 （2）具有掌握并控制各部门业务及运作状况的能力，熟悉企业财务、税收状况和市场变化情况，具有经营决策能力 （3）具有综合组织和协调能力，具有公关、谈判及建立业务关系的能力 （4）具有处理突发事件的能力 （5）具有计算机应用能力
管理层	（1）了解房地产有关理论和开发经营管理等基本知识 （2）熟悉物业管理的基本理论和有关政策法规，掌握本地区有关物业管理的要求、计费规定等 （3）掌握房屋完损等级标准、质量检测方法和安全管理的基本知识	（1）具有建立健全部门规章制度的能力 （2）具有制订工作计划并组织实施的能力 （3）具有及时处理房屋、设备、设施的抢修排险和火警、匪警、救护等突发事件的能力

续表

层次	必备知识	必备能力
管理层	（4）掌握物业管理的有关技术标准及维修的基本知识 （5）掌握房屋结构、设备、设施等维修管理的基本知识 （6）掌握计算机应用的相关知识	（4）具有组织宣传教育等各类活动及处理一般矛盾的能力 （5）具有处理专项业务并能与相关机构相协调的能力 （6）具有熟练应用计算机进行管理的能力
操作层	熟练掌握所从事岗位需要的专业技能	（1）具有执行企业的各项规章制度及操作程序的能力 （2）具有独立处理琐碎事务的能力 （3）具有较强的责任心、控制力，具有团队意识

二、优化招聘流程

优化招聘流程可以提高效率，吸引更多优秀的候选人，并提升整体招聘体验。一般来说，优化后的招聘流程如图5-1所示。

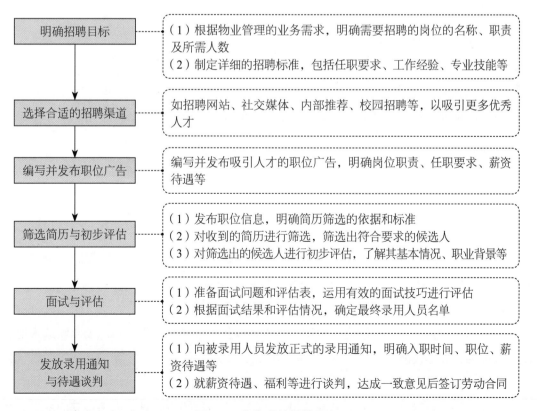

图5-1　优化后的招聘流程

三、关注面试环节

人员面试是企业选聘人才的主要环节之一,对于企业的发展和运营具有重要的意义。通过面试,物业服务企业能够更好地了解候选人的能力、经验和素质,从而判断其是否适合企业的岗位,进而降低雇佣风险。同时,面试也是与候选人建立联系和进行沟通的重要机会,能够塑造企业形象,吸引优秀人才。

1. 准备面试材料和工具

(1)岗位说明书

在岗位说明书中明确岗位的职责、要求及所需技能,将其作为面试评估的参考依据。

(2)面试问题库

针对岗位特点,设计一系列结构化、非结构化和情景模拟面试问题,以便全面评估候选人的能力和素质。

(3)评估表

制定详细的评估表,用于记录候选人在面试中的表现,包括沟通能力、专业知识、团队协作、问题解决能力等方面的评分。

2. 安排面试

(1)确认面试时间和地点

与候选人确认面试的具体时间和地点,确保双方都能准时参加。

(2)准备面试环境

确保面试环境安静、整洁、专业,营造良好的面试氛围。

3. 进行面试

(1)开场介绍

简要介绍公司背景、岗位情况及面试流程,缓解候选人的紧张情绪。

(2)行为面试

通过提问候选人过去的工作经历、项目经验等,了解其行为模式、问题解决能力和工作成果。例如:"请描述一次你成功解决业主投诉的经历。"

(3)技能测试

针对岗位所需的专业技能进行测试,如设备操作、维修保养等。可以要求候选人现场演示或提供相关的技能证书。

(4)情景模拟

设计一些物业管理中可能遇到的情景,让候选人进行模拟处理,以考察其应变能力和实际操作能力。

（5）综合评估

结合候选人的表现，从多个维度进行综合评估，包括专业知识、沟通能力、团队合作精神、服务意识等。

4.评估与决策

（1）汇总评估结果

将候选人在面试中的表现记录在评估表上，并进行汇总分析。

（2）比较与选择

根据评估结果，对各候选人进行比较，选择最适合岗位需求的候选人。

（3）确定录用意向

与选定的候选人进行沟通，了解其入职意愿和对薪资待遇等方面的要求。

四、选拔人才的标准

物业服务企业在招聘选拔人才时，应综合考虑应聘者的专业技能与经验、能力与素质、道德品质与个人特质等多个方面，以确保所招聘的人员能够胜任工作并推动公司的发展。

1.专业技能与经验

应聘者应具备的专业技能与经验如表 5-2 所示。

表 5-2　应聘者应具备的专业技能与经验

序号	专业技能与经验	具体说明
1	专业知识	（1）具备物业管理相关法律法规和政策知识 （2）熟悉企业经营管理、企业运作及各部门的工作流程 （3）特定岗位可能需要具备专业技能，如财务、法律、工程管理等方面的技能
2	工作经验	（1）根据岗位不同，要求应聘者具有相应年限的工作经验。例如，对于高层物业管理人员，可能要求其具备 5 年以上物业行业前 20 名企业的管理经验，同时具备国、央企物业管理经验者优先 （2）物业管理部、安全管理部、财务管理部等关键岗位也可能有具体的工作经验要求
3	业绩要求	对于中高层管理人员，可能要求其具有具体的业绩成果，如物业管理业态项目不少于 5 类、总建筑面积不小于 100 万平方米等

2.能力与素质

应聘者应具备的能力与素质如表 5-3 所示。

表 5-3 应聘者应具备的能力与素质

序号	能力与素质	具体说明
1	沟通与协调能力	具备良好的沟通能力与协调能力,能够妥善处理各种问题和投诉,能够与居民、供应商和其他相关部门进行有效沟通
2	团队合作精神	具备团队合作精神,能够协调各方利益,共同完成任务
3	服务意识与责任心	具备良好的服务意识与责任心,能够主动倾听和理解居民需求,并及时提供解决方案
4	问题解决能力	能够灵活应对各种问题,提出切实可行的解决方案
5	应急处理能力	在突发事件和紧急情况发生时,能够迅速反应并采取应急措施,保障小区居民的安全和利益
6	计划、组织与领导能力	具备优秀的计划、组织与领导能力,能够高效地安排和推进工作
7	前瞻性与决策能力	熟悉物业管理行业发展趋势,具有优秀的前瞻性与决策能力

3.道德品质与个人特质

应聘者应具备的道德品质与个人特质如表 5-4 所示。

表 5-4 应聘者应具备的道德品质与个人特质

序号	道德品质与个人特质	具体说明
1	遵纪守法	遵守国家法律法规和公司规章制度,无不良履职记录和不良行为记录
2	耐心与抗压能力	解决居民问题和投诉需要保持耐心的态度,同时需要具备一定的抗压能力
3	诚信正直	在处理居民投诉等事务时保持高度诚信和正直

五、选拔人才的方法

选拔人才的方法有图 5-2 所示的几种。

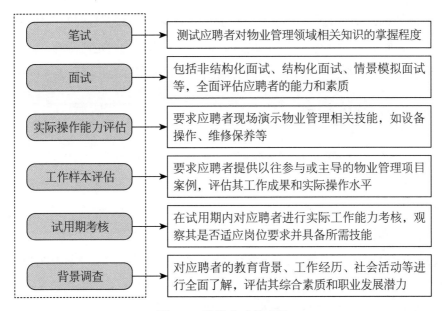

图 5-2　选拔人才的方法

第二节　培训与发展

被称为"朝阳产业"的物业管理行业，经过多年的发展，已显现出越来越强的生机，为适应市场经济发展的需要，物业服务企业要做好员工的培训工作，提高员工的工作技能水平，以为公司创造最高效益，也为业户提供最佳服务。

一、新员工培训的目的

新员工培训是指为新员工提供的基本入职知识和基本操作技能的培训。物业服务企业要高度重视新员工职前培训工作，只有做好了这项工作，才能使他们尽快高效率地投入工作中。新员工培训的目的如图 5-3 所示。

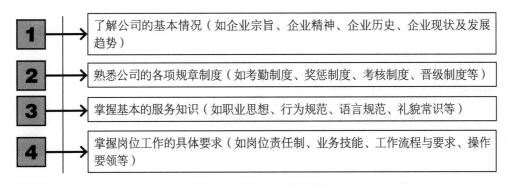

图 5-3　新员工培训的目的

通过职前培训,新员工可以熟悉和适应新的工作环境并掌握必要的工作技能。因此,物业服务企业在职前培训上花费较多的时间、精力、财力、物力是值得的。新员工对公司的最初印象、感受以及得到的培训知识,对他们未来的工作行为将产生极大的影响。

二、新员工培训的内容

新员工职前培训主要包括以下内容:

① 公司历史、公司业务。

② 组织结构图。

③ 福利组合概览(如健康保险、休假、费用报销、退休等)。

④ 业绩评估或绩效管理系统,即绩效评估的方式,何时评估、由谁来评估,总体的绩效期望。

⑤ 薪酬程序,发薪日是哪天,如何发放薪酬。

⑥ 职位或工作说明书和具体工作规范。

⑦ 员工体检日程安排和体检项目。

⑧ 职业发展信息(如潜在的晋升机会、职业通道、如何获得职业资源信息)。

⑨ 基本的机械控制方法和安全培训。

⑩ 员工手册、政策、程序、财务信息。

⑪ 有关公司识别卡或徽章、钥匙、电子邮箱账户、电脑密码、电话、停车位、办公用品的获取和使用规则等。

⑫ 技术或具体与工作相关的信息(如怎样与相关上级主管或同事协商培训的日程安排)。

⑬ 着装。

⑭ 工作外的活动(如运动队组建、特殊项目开展等)。

⑮ 员工职业道德、敬业精神。

⑯ 消防安全知识。

⑰ 物业管理基础知识。

> **小提示**
>
> 为了加深新员工对公司的印象,还可以准备一份资料袋,将印有公司宗旨、经营思想、目标、组织结构图的宣传册,以及公司主要规章制度、有关奖惩条例、《员工手册》《员工行为语言规范》等文件和资料放到资料袋里,发给每一位新员工。

三、在职员工培训的内容

在职员工培训就是以在职员工为培训对象，旨在改进他们的知识、观念，提高他们的技能、工作能力的一种培训方法。

在职员工的培训工作必须具有针对性。一般来说，在职员工培训的内容主要如图 5-4 所示。

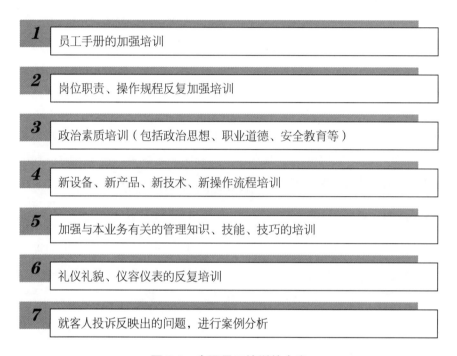

图 5-4　在职员工培训的内容

四、在职员工培训的形式

在职员工培训的形式多种多样，常见的形式有图 5-5 所示的几种。

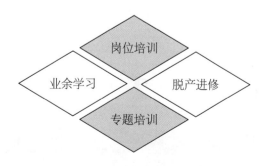

图 5-5　在职员工培训的形式

1. 岗位培训

这种形式是为了使员工掌握本岗位所需的专业知识，增加知识量和拓展知识深度，适应更高标准的要求而开展的培训。在培训的组织形式方面，公司既可以自行办班开展培训，也可以让员工参加专业机构组织的各种岗位培训。

2. 业余学习

这种形式是员工利用工作之余进行的以丰富专业知识、提高专业技能为目的的培训形式，如参加物业管理专业函授学习和自学考试、读夜校等，这种形式是提高物业管理从业人员素质的重要途径。

3. 专题培训

这种形式主要是针对物业服务企业在采用了新的管理方法，应用了新的设备、新的技术或制定了新的制度时，为保证新管理方法、新设备、新技术、新制度的正常运行而开展的培训。开展专题培训时，公司既可以自行办班组织，也可以派员外出学习。

4. 脱产进修

这种形式主要用来培养公司紧缺人才，或用来为公司培养高层次的管理人才、技术人才，由公司推选员工到高等院校、科研单位、典型公司去进修、学习。这种培训，能切合公司的实际需要，是在职员工培训的重要方式之一。

五、培训后的转化

当一项培训活动结束后，即使前期培训工作做得再好，如果接受培训的人员没有把培训中所学的知识、技能运用到实际工作中，那么这个培训项目毫无疑问是失败的。

物业服务企业实施员工培训，使接受培训的员工将所学知识运用到实际工作中去才是最终目的。但有研究表明，员工所学知识只有10%能运用到工作中。可见，做好培训后的转化工作对于增强培训效果意义重大。为促进培训成果的顺利转化，可采取图5-6所示的措施。

图 5-6　促进培训成果顺利转化的措施

1.采取合理的激励方式

物业服务企业应根据员工自身特点,在培训过后采取直接或间接的激励手段,或让员工选择自己最满意的激励方式来保证培训效果。这样可以有效改善员工的工作态度、提高员工的忠诚度,对培训成果的转化以及培训风险的规避起到重要作用。

2.加强硬件设施建设

培训后,员工自身的技能和素质得到提高,企业原有的设施和条件可能不再满足员工需求,员工获得的新技能只有与新的硬件设备设施相结合,才能发挥实效,才能最大限度提高物业服务企业的生产效益。因此要加强硬件设施建设。

3.做好培训后的评估工作

培训后的评估工作作为培训管理流程中的一个重要环节,是衡量培训效果的重要途径和手段,具有信息反馈作用。通过评估,物业服务企业可以清楚地了解培训后员工的知识是否得到了更新,工作表现是否得到了改善,绩效是否得到了提高。这既是对上一阶段培训效果的估量,也为下一阶段的培训工作做好了准备。

第三节 绩效考核与评估

绩效考核是对员工工作成绩的考核,是人力资源管理的重要工作之一。一般来说,物业服务企业每月月底都会进行月度绩效考核,每年年底又要进行年度绩效考核。有些物业服务企业还要进行季度绩效考核。

一、绩效考核的作用

物业服务企业的绩效考核工作非常重要。就如同培训工作的成果需要考核一样,任何员工的工作成果都需要考核,没有考核就很难知道他们的工作效果,尤其是管理人员。物业服务企业必须充分认识到图 5-7 所示的绩效考核的重要作用,并将考核成果运用到平时各项工作中。

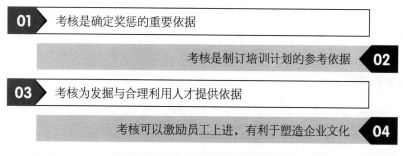

图 5-7 绩效考核的作用

1. 考核是确定奖惩的重要依据

每位员工都希望上司能公正地评价自己的工作表现和工作能力，以满足其物质和精神上的需求。物业服务企业员工考核的实施，使每位员工的工作表现和工作成绩得到认可，同时，考核结果是确定员工应得奖惩的重要依据。

2. 考核是制订培训计划的参考依据

一般来说，培训是在员工素质与职位要求已经显示出现实差距或将要发生预期差距时进行的。培训是为了尽量缩小或弥补这种差距，而考核是找出差距的重要手段。

3. 考核为发掘与合理利用人才提供依据

在岗位设置相对稳定的情况下，物业服务企业要确定人才的升迁、录用、辞退和调换，应以一定的绩效考核结果为基础来合理配置人才。在考核过程中，物业服务企业可以全面了解员工的长处、短处，综合考核员工的外在及潜在能力，为发掘与合理利用人才提供可靠依据。

4. 考核可以激励员工上进，有利于塑造企业文化

考核为员工指出了今后努力的方向和可能获得的收益，使员工对自己的实际工作状况和今后的发展有更加清楚的认识。

二、绩效考核的方法

绩效考核方法的选择直接影响到考核结果。根据物业服务企业的特点，可以将以下提出的几种考核方法作为主要参照，与其他考核方法相结合，进而设计适合自身的绩效考核方法。

1. 强制分布考核法

强制分布考核法根据正态分布规律和二八原则，以群体的形式对员工进行归类。这种方法要求管理人员按照一定的比例，将员工的考核结果分配到事先定好的各种不同的等级类别中，例如卓越、优秀、达标、需改进、很差等。

2. 行为锚定等级考核法

行为锚定等级考核法是一种通过建立与不同绩效水平相联系的行为锚定，以此来对绩效进行考核的方法。它通过搜集大量能够代表工作中优秀和无效绩效的关键事件来确定每一关键事件所代表的绩效水平的等级，以此作为员工绩效的锚定标准。

3. 目标管理法

目标管理法是一种相对成熟的绩效考核方法。它是以目标的设置和分解，目标的实施及完成情况的检查、奖惩为手段，通过员工的自我管理来实现企业经营目的的一种绩效考核方法。

4. 360 度考核法

360 度考核法是由与被考核者有密切关系的上级领导、下属、同级同事和外部客户分别匿名评价，分管领导再根据评价意见和评分，对比被考核者的自我考核向被考核者提供反馈，以帮助被考核者提高其能力水平和业绩的考核方法。

5. KPI 考核法

KPI（key performance index）即关键绩效指标，主要是对各部门（流程）的工作绩效特征进行分析，提炼出最能代表绩效水平的若干关键指标体系。

物业服务企业要想准确评估公司员工的实际工作效果，就必须先制定各级人员的 KPI 考核指标，依照指标开展考核工作。

表 5-5 是 ×× 物业服务企业的客服主管绩效考核表，仅供参考。

表 5-5　×× 物业服务企业客服主管绩效考核表

评估维度	关键绩效指标	衡量标准	分值	得分	计分依据
月（季）检	月（季）度检查	98 分以上（含 98 分）得满分，95～97 分（含 97 分）得 4 分，90～94 分（含 94 分）得 3 分，87～89 分（含 89 分）得 2 分，低于 86 分（含 86 分）不得分	10		
	问题整改	月（季）检问题全部整改得满分，一项未整改本项不得分，存在跨月未整改项目的扣 5 分	10		
客户	客户抱怨处理及时率	客户抱怨（含分公司客户中心和管理处自行接收的抱怨）处理不及时，每次扣 2 分；单次超时 5 天未处理不得分	20		
	客户沟通及意见整改率	客户沟通及意见整改率符合要求得满分；记录虚假不得分；客户意见未及时响应和处理，每次扣 2 分，最多扣 5 分	10		

续表

评估维度	关键绩效指标	衡量标准	分值	得分	计分依据
内部流程	基础指标	数据报表（日报表、月报表）填报不及时，每次扣0.5分；少于三项指标未达标得2分，每增加一项指标未达标扣1分	5		
	团队协作精神	有和谐的人际关系，有主动协助配合同事（部门）的工作行为，有强烈的团队意识，得满分；人际关系一般，协助配合同事（部门）工作不主动，缺乏团队意识，得2分；人际关系紧张，有不协助配合同事（部门）工作的行为，团队观念和意识差，不得分	5		
	内部投诉	无员工有效投诉得满分，发生一起有效投诉不得分	10		
	员工辞职	客服人员在6~15人，半年辞职1人或未发生辞职得满分，辞职2人得2分，辞职3人不得分	5		
		客服人员在15~25人，每季度辞职1人或未发生辞职得满分，辞职2人得2分，辞职3人不得分			
学习与成长	培训达标率	部门培训课时达标得满分，不达标不得分	10		
	新员工培训	全体新员工在试用期安排专人指导且试用期满后符合上岗要求得满分，一人次未设专人指导得3分，二人次未设专人指导得1分，三人次未设专人指导不得分	5		
上级临时交办工作	临时性交办工作	超出预期完成上级领导交办的各项临时工作得满分，能够按时按质完成上级领导交办的各项临时工作得4分，未完成上级领导交办的各项临时工作不得分	10		
加分项	员工辞职	管理处无员工辞职加2分			
	人才培养	为公司培养并输送主管以上（含主管）级别的管理人员一名，给予主管嘉奖2分；培养并输送普通员工一名，给予主管嘉奖1分			
评估结果	评分合计		100		

三、绩效考核的反馈

反馈是绩效考核中的最后一个环节,也是最重要的一个环节。绩效考核的反馈目的是让被考核者了解自己的绩效状况,将管理者的期望传达给被考核者。

绩效考核的反馈的途径有很多,但其中最直接、最有效的是主管与员工的面谈,通过面谈,主管不但可以准确地将绩效考核的结果告知员工,更重要的是,在面谈中,主管与员工可以面对面地交流,双方可以针对考核结果,共同讨论、研究出改进的方案。

1.绩效面谈的目的

物业管理人员与员工进行绩效面谈,具有图5-8所示的目的。

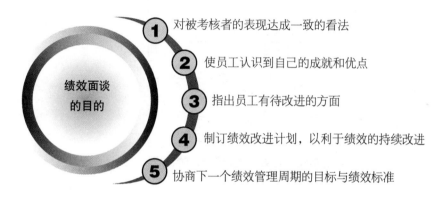

图5-8 绩效面谈的目的

2.绩效面谈的准备

物业管理人员在与员工进行绩效面谈前,应做好图5-9所示的准备工作。

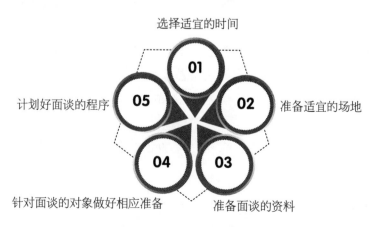

图5-9 绩效面谈的准备工作

四、绩效改进计划的制订

考核双方在考核周期内共同制订绩效改进计划也是不可缺少的一环。为了保证绩效反馈、面谈起到作用，考核双方应根据被考核者以往的绩效情况，共同制订绩效改进计划。绩效改进计划制订的步骤如图 5-10 所示。

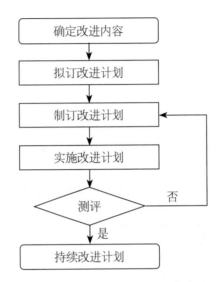

图 5-10　绩效改进计划制订的步骤

1.确定改进内容

在已确定有改进项目的需要后，第一步就是要找出问题所在：为何绩效未达到原本可以达到并且应该达到的水准？选取待改进项目的工作，由物业管理人员和员工合力来完成。选取时应优先考虑下列几个因素：

① 管理人员的想法是正确的吗？也许员工自己就能对出现问题的工作加以改进，也许管理人员想改进的项目早已是员工所具备的优点所在了。

② 员工认为该从何处着手确定待改进项目？这一因素可激发员工改进的动力，因为对于不愿意去改进的地方，员工通常是不会去思考如何改进的。

③ 哪一方面的改进较有成效？能够立竿见影的经验，总让人较有成就感，也有助于继续开展其他方面的改进工作。

④ 对所花的时间、精力和金钱而言，哪一方面的改进最合算？这是一项客观的推测，只需根据事实与逻辑观念考虑即可。

2.拟订改进计划

应将所有可能会改进绩效的方法列于一张表上，并分为员工能做的、物业管理人员能做的，以及应改善的环境因素等。如：

① 参加管理人员会议。
② 工作轮调。
③ 与企业内的专家研讨。
④ 研读手册和程序说明。
⑤ 参加技术部门的研修活动。
⑥ 暂时派至其他部门。

3.制订改进计划

当制订绩效改进计划时，相关性、时间性、内容是否具体、是否能获得认同等都可能是列入考虑的因素。一项有效的绩效改进计划应满足图 5-11 所示的四点要求。

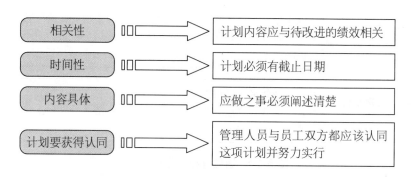

图 5-11　有效的绩效改进计划应满足的要求

4.实施改进计划

物业管理人员实施改进计划时，应注意以下事项：
① 确定员工已了解该项计划。
② 若环境变动、计划需改变时，应与员工洽商，并将改变部分写在原计划上。
③ 计划到期前应定期提醒员工，使其能依计划完成工作，避免因遗忘而使计划失败。
④ 管理人员需经常提醒员工，持续推动计划完成。
⑤ 若有部分计划未按进度达成，应予以纠正。

5.持续改进计划

一项计划只针对一个项目予以改进，这种做法确实能使部分工作获得改善，但何时展开第二项绩效改进计划的制订工作，这得视实际情况而定。一般来说，当一项绩效改进计划全部或部分完成时，第二项改进计划应已确定好了。当然，如果计划不是很复杂，管理人员及员工可以同时执行一项以上的计划。

五、绩效考核结果的应用

绩效考核本身不是目的,而是一种手段,物业服务企业应该重视绩效考核结果的应用。绩效考核的结果可以应用于多个方面,既可为人力资源管理提供决策信息,也可为员工个人在绩效改进、职业生涯发展方面提供借鉴。具体如图 5-12 所示。

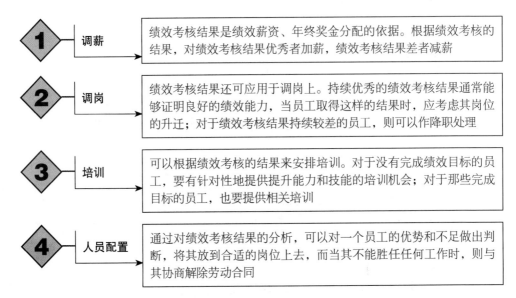

图 5-12 绩效考核结果的应用

第四节 激励与留存

在现代企业管理中,企业人员素质的高低直接影响企业绩效的好坏,所以如何采取各种激励措施激发出员工最大潜力,是现代企业管理者比较关注的一个主要方面。有关研究表明,如果能充分调动员工的积极性,那么他们的潜力可以发挥到 80%~90%,其中 50%~60% 是激励的作用。因此,物业服务企业要非常重视激发员工的工作热情与创造力,提升其工作满意度与忠诚度,从而实现人才的长期留存。

一、建立完善的工作体系

完善的工作体系应包括以下内容。

1. 实行工作轮换制度

工作轮换是工作设计的常见形式之一,工作轮换是指在不同的时间阶段,员工会在不同的岗位上工作。

比如，对于客户服务中心里社区文化专员和客服助理这两项工作，从事相关工作的员工可以在一定时期内进行一次工作轮换。

2. 丰富工作内容

① 与业户联系。如果员工能够直接与业户接触，从业户那里直接了解到其对服务的满意情况，就可以获得强烈的成就感，这是丰富工作内容最有效的手段。

② 自行安排工作计划。大多数员工都有能力自行安排工作计划，上级只需确定最后期限或目标即可。这是提高员工主动性的有效方法。

③ 独立完成。尽可能让员工独立完成一项完整的工作。

④ 直接反馈。减少反馈的环节和层次。

比如，公共设施维修保养的质量问题报告与其在管理者手中互相传递，不如直接由物业管理员交给引发维修保养的质量问题的当事人。如果这种反馈不夹杂批评，员工便能更好地进行自我批评。

3. 进行工作扩大化安排

工作扩大化是指工作的范围扩大，进行工作扩大化安排旨在向员工提供更多的工作，即让员工完成更多的工作量。当员工对某项工作更加熟练时，提高工作量会让员工感到更加充实。

二、培育良好的工作氛围

良好的工作氛围比什么都重要，它可以让员工心情舒畅，感受到团队的温馨。员工心情愉快，工作干劲会倍增，会主动、自觉而积极地完成各项工作任务，发挥出最大的工作效率，为企业、为社会创造更多的财富。因此，物业管理人员要注重培育良好的工作氛围。

1. 优化沟通环境

良好的沟通是开展工作的前提。优化沟通环境需做好图 5-13 所示的两点工作。

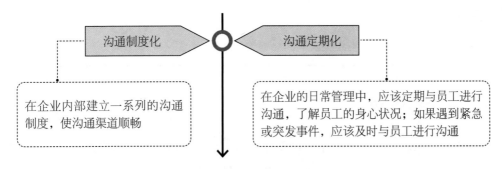

图 5-13　优化沟通环境应做的工作

2.营造良好的学习环境

学习环境对个人的自我发展极为重要。如果物业服务企业的学习氛围和学习环境很差,将很难吸引人才的目光。因此,物业服务企业要使员工长久地服务于公司,就必须不断地营造良好的学习环境。

学习型团队的构建是建设学习型企业的基本过程和基本方式,团队也是学习型企业的基本构建单位。经过成员之间不断磨合、交流、接受、改变之后,团队能够形成一套大家都可以认同、有约束力的规范,不管这种规范是成文的,还是潜藏于每个成员心中的,都能规范和约束成员的各种行为,推动成员开始产生对企业的认同感,并开始形成群体特有的文化。此时的团队如果再进一步发展,成员们就会开始注重相互之间的讨论和学习,互相协助,以完成共同的目标和任务。这种学习和协助能够大大提高团队工作的绩效。

3.营造良好的员工参与氛围

要使员工对工作尽心尽力,并在此过程中保持积极性的最好办法之一,就是让员工参与进来,营造良好的员工参与氛围的主要方法如图5-14所示。

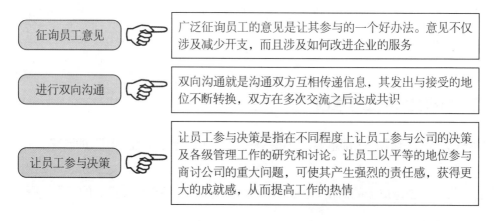

图5-14 营造良好的员工参与氛围的方法

> **小提示**
>
> 在征询员工的意见时,物业经理必须注意,征询意见贵在真诚,贵在尊重对方。

三、进行充分授权

所谓授权,是指将分内的若干工作交托给员工执行。授权是一种可以令员工"边做边学"的在职训练,通过这种在职训练,可以提高员工的归属感与满足感。

1. 充分授权的作用

充分授权是一个赋予员工责任、权力的过程，具有图 5-15 所示的作用。

作用一	充分授权增强了员工执行任务的信心，并使员工相信自己能为组织作出有影响的贡献
作用二	充分授权使员工的观念得以转变，使员工从觉得自己没有权力，转变为对个人能力产生强烈的自信。这使员工更主动地工作，在面对困难时能坚持不懈地去完成目标
作用三	充分授权让员工感到工作有意义，也就是说工作与他们的价值观和工作态度相吻合
作用四	充分授权让员工有独立自主进行决策的权力，并且可以对工作行为、工作方法和工作步骤进行一些选择

图 5-15　充分授权的作用

2. 创造合理授权的环境

为鼓励授权，物业服务企业必须创造一个环境，使处于其中的每个员工都会感受到，自己对职责范围以内的绩效标准和经营效果能产生真正的影响。

创造合理授权的环境由于只需很少的人来指导、监督和协调，因此降低了成本，还从根本上激励了员工并产生了高绩效，提高了员工的服务水平。

3. 采取有效的授权措施

物业服务企业可以采取下列措施进行授权：

① 让员工参与决策，彰显其高水平完成任务的信心和卓越能力。
② 鼓励员工完善自己的工作。
③ 设置有意义和富于挑战性的目标。
④ 称赞创造突出绩效的员工。
⑤ 鼓励员工在工作中承担个人责任。
⑥ 给员工提供信息和其他资源，并给予社交上的、情感上的支持。

更具体的措施包括：

① 提高各层次员工的签字权。
② 减少规则程序和批准步骤。
③ 赋予员工非常规时期的工作权限。
④ 允许员工进行独立的判断。

⑤ 提高员工的灵活性和创造性。
⑥ 激励员工把工作更多地看成项目而不是任务。
⑦ 在组织内部（或在组织外部）给员工提供更多的自由使用资源的机会。

四、设计合理薪酬

完善合理的薪酬福利体系可以提高企业的竞争力，保证企业人力资源管理的可持续建设，是企业未来发展的基础保证。因此企业必须在公平、公正的原则下建立健全薪酬福利管理制度，统一规划，合理布局，最终建立行之有效的激励机制，最大限度地激发员工的工作热情、提高员工忠诚度，使员工在提高自身能力的同时与企业互惠互利，保证企业的健康、稳定、可持续发展。物业服务企业可通过图 5-16 所示的方法来设计合理的薪酬。

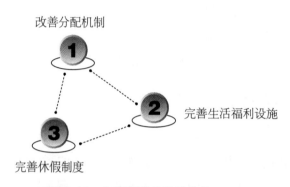

图 5-16　合理薪酬的设计方法

1. 改善分配机制

企业的分配机制是对员工实行激励的主要手段之一。几乎所有的员工都希望自己的付出和劳动能够得到公平、合理的回报，也只有在预期能够得到合理回报的基础上，员工才会积极、努力地工作，充分发挥自己的才能和潜力。

2. 完善生活福利设施

生活福利设施是企业重要的福利设施。企业要完善生活福利设施，就必须明确以下内容。

（1）提供员工生活福利设施

员工生活福利设施主要包括员工食堂、卫生设施（如员工医疗和疗养设施等）、文娱体育设施（如俱乐部、图书室等）。

上述生活福利设施，应在其各自营业范围内为员工集体提供免费或低费服务。

（2）组建福利机构

福利机构可分为综合性福利机构和专门性福利机构两种。综合性福利机构指员工福利委员会,是对企业各层次、各部门福利工作实行全面和统一管理的机构;专门性福利机构是在员工福利委员会领导下,从事具体福利工作的部门。

(3)设立福利基金

福利基金即企业依法筹集的专门用于员工福利的资金,它是员工福利事业的财力基础。

3.完善休假制度

物业服务企业可结合企业实际情况,从以下几个方面完善企业的休假制度。

(1)按国家规定安排休假

按国家规定安排休假通常有表5-6所示的几种情况。

表5-6 按国家规定安排休假的情况

序号	休假类别	具体规定
1	公休假	公休假,是指国家法律明文规定的带薪休假制度。法律规定或者依法订立的协议规定每工作一定时间必须休息一段时间。由于我国规定职工每周工作时间不得超过40个小时,因此一般用人单位实行每周休息两日的制度
2	法定节假日	法定节假日,是指根据国家、民族的风俗习惯或纪念要求,由国家法律统一规定的,用以进行庆祝及度假的休息时间
3	探亲假	探亲假,是指职工享有保留工作岗位和工资而同分居两地,又不能在公休日团聚的配偶或父母团聚的假期
4	婚假	婚假,是指劳动者本人结婚时依法享有的假期。休婚假几乎是每个劳动者都会遇到的情况,劳动者结婚时,用人单位应给予一定的假期,并如数支付工资
5	产假	产假,是指在职妇女产期前后的休假待遇,国家规定,女职工生育享受九十八天的产假
6	年假	年假,指给职工一年一次的假期。机关、团体、企业、事业单位、民办非企业单位、有雇工的个体工商户等单位的职工,凡连续工作一年以上的,均可享受带薪年休假
7	工伤假	工伤假,是指职工发生工伤事故后,治疗和休养所需要的时间,在这段时间里工资照发。因此工伤假期就是指职工发生工伤,需要停工进行治疗并保留薪资的特定时段
8	病假	病假,是指劳动者本人因患病或非因工负伤,需要停止工作进行治疗时,企业应该根据劳动者本人实际参加工作的年限和在本单位工作的年限,给予一定的医疗假期。休病假期间,劳动者可照常拿工资,病假工资不低于当地最低工资的80%

（2）安排带薪休假

在员工非工作的时间里，按工作时间发放薪酬的福利，称为带薪休假。物业服务企业应依据《中华人民共和国劳动法》《职工带薪年休假条例》等法律法规，明确员工享有带薪休假的权利及具体休假天数。在遵守法律法规的基础上，物业服务企业可结合企业实际情况，制定详细的带薪休假规定，包括休假条件、申请流程、审批权限、休假期间的工资发放标准等。对于特殊岗位或有特殊情况的员工，物业服务企业可灵活处理其休假天数，但不得违反国家法律法规和企业规定。在保障企业正常运营的前提下，应尽量满足员工的休假需求。对于因工作原因无法在本年度内休完带薪休假的员工，可允许其跨年度休假，但应确保在次年度内安排员工休完剩余的休假天数。

> **小提示**
>
> 企业安排员工带薪休假，允许员工生病时带薪休病假，可以帮助员工恢复和保持良好的精神和体力状态。这种给员工提供休息时间的举措给其精神和体力上带来的好处，不是发放工资的方式能取代的。

（3）尊重员工休假权

员工有劳动的权利，同时也享有休息、休假的权利。休息休假权是指员工在法定的工作时间参与劳动之后，享有不劳动而自行支配时间的权利，以及用于休息或从事其他活动的权利。休息休假权也是员工合法权益的有机组成部分，有劳动权就必须有休息休假权，这是员工行使劳动权的必要保证。

（4）实行弹性休假

根据企业实际情况和员工需求，实行弹性休假制度，允许员工在一定范围内自主选择休假的时间和方式。

五、完善晋升制度

晋升激励是企业领导将员工从低一级的职务提升到新的更高职务，同时赋予员工与新职务一致的责、权、利的过程。晋升激励是企业的一种重要的激励措施，企业职务晋升制度有两大功能：一是选拔优秀人才，二是激发现有员工的工作积极性。

1. 掌握晋升原则

物业服务企业在实行晋升激励时，要把握一定的原则，具体如表5-7所示。

表 5-7　晋升原则

序号	原则	具体说明
1	德才兼备	德和才二者不可偏废。不能打着"用能人"的旗号，重用和晋升一些才高德寡的员工，不能因为是自己的亲属就重用，不是自己的亲属就排挤。这样做势必会在员工中造成不良影响，从而打击员工的积极性
2	机会均等	要使每个员工都有晋升的机会，即对管理人员要公开招聘、公平竞争、唯才是举、不唯学历、不唯资历，只有这样才能真正激发员工的上进心
3	阶梯晋升和破格提拔相结合	阶梯晋升是相对于大多数员工而言的。这种晋升的方法，可避免盲目性，准确度高，便于激励员工。但对非常之才、特殊之才则应破格提拔，避免使杰出人才流失

2.熟悉晋升模式

常用晋升模式如表 5-8 所示。

表 5-8　晋升模式

序号	模式	具体说明
1	按工作表现晋升	依据员工的工作表现是否符合既定标准来决定其是否晋升。在这种情况下，能力即是判断员工的工作业绩能否达到预期的标准之一
2	按投入程度晋升	当一名员工能约法守时，遵守公司的一切规章和制度，能配合上级有序、高效推进各项工作，表现出色，那么必定会受到上级的赏识，获得晋升的机会
3	按年资晋升	在员工获得可晋升的年资后，再依据对其工作的考核来决定是否晋升。这种制度承认员工经验的价值，给予大家平等竞争的机会

3.制订晋升计划

（1）挑选晋升对象

在挑选了极具潜能的特殊人才后，就要注重对这些人才的工作职责和发展轨迹进行调整，提前为其做好晋升的准备工作。

（2）制定个人发展规划

一旦人选确定，就要为其制定个人发展规划。因此，必须清楚地了解哪一种规划能够与这些特殊人才的愿望相符合，哪些措施对其最为有效，这些特殊人才的不足之处在哪里，还有哪些潜力可以挖掘。

（3）具体规划工作细则以及可能遇到的挑战因素

规划必须是长期的、有针对性的，这样员工才能为未来的工作提前做好准备。这些规划越具体，员工心中就越有底，对下一步工作就能准备得越充分。

（4）制订辅助计划

物业服务企业需制订一个辅助计划，帮助员工尽快进入角色，圆满完成晋升。

第六章

物业风险管理

第一节 风险管理概述

物业管理是一项涉及众多利益相关方的复杂工作,风险在整个物业管理过程中是无法避免的,但通过科学的风险管理可以有效降低潜在的损失,以保护物业、员工和企业的利益。

一、物业管理风险的类别

由于物业管理工作涉及方方面面,具有一定的复杂性,从而导致物业管理风险种类也较多。按不同的方式,可将物业管理风险分为以下几类。

1.按风险产生的原因划分

按风险产生的原因划分,可将物业管理风险分为自然风险和社会风险两类。具体如表6-1所示。

表6-1 按风险产生的原因划分物业管理风险

序号	类别	具体说明	特点
1	自然风险	自然风险是指自然引发的物理和实质危险因素所导致的财产毁损的风险。例如水灾、火灾、地震等	自然风险是不以物业服务企业的意志为转移的,是处在自然状况和客观条件下的风险
2	社会风险	社会风险是指由于个人行为的反常或集体行动的不可预料所造成的风险。例如盗窃、抢劫等	社会风险的发生会给物业服务企业服务范围内的业主或住户(使用人)造成人身损害、财产损失

2.按风险的变化程度划分

按风险的变化程度划分,物业管理风险可以分为静态风险和动态风险两类。具体如表6-2所示。

表6-2 按风险的变化程度划分物业管理风险

序号	类别	具体说明	特点
1	静态风险	静态风险是指由于自然力量的不规则变动或由于个人错误所导致的风险。例如企业财产损失风险、员工伤亡损失风险等	这种风险会使物业服务企业在管理服务过程中面临危险事故(地震、火灾、车祸等)发生的状况,它只有损失的可能而无获利的机会,通常会使物业服务企业遭受财产、人身及责任上的损失

续表

序号	类别	具体说明	特点
2	动态风险	动态风险是指由于经济、社会、政治等环境以及人类的技术、组织等方面发生变动而产生的风险。例如管理服务风险、财务收支风险等	这种风险会使物业服务企业在管理服务过程中面临事故发生的状况，除了使企业有损失的可能，同时也存在获利的机会

3.按风险形成的时间划分

按风险形成的时间划分，物业管理风险可分为早期介入风险、前期物业管理风险和日常物业管理风险三类。具体如表6-3所示。

表6-3　按风险形成的时间划分物业管理风险

序号	类别	具体说明	内容
1	早期介入风险	早期介入风险是指物业服务企业从事房地产前期可行性研究或规划设计、施工等阶段的顾问工作时所承担的风险	主要包括：介入的风险、项目接管的不确定带来的风险、专业咨询的风险等
2	前期物业管理风险	前期物业管理风险是指自房屋出售之日起至业主大会召开、业主委员会成立并与物业服务企业签订物业管理服务委托合同的这段时间内，物业服务企业所承担的风险	主要包括：物业管理服务合同订立、执行的风险，承接查验阶段的风险，与房地产开发企业配合销售过程中以及各种配套设施设备完善工作中所遇到的风险等
3	日常物业管理风险	日常物业管理风险是指物业服务企业与业主大会和业主委员会签订物业管理服务委托合同之后所开展的正常服务工作过程中所承担的风险	主要包括：业户违规装饰装修带来的风险、物业管理服务费收缴产生的风险、各类物业及其配套设施在使用过程中带来的风险、管理项目外包存在的风险以及法律概念不清导致的风险等

4.按损失的形态不同划分

按损失的形态不同划分，物业管理风险可分为财产风险、人身风险和责任风险三类。具体如表6-4所示。

表6-4　按损失的形态不同划分物业管理风险

序号	类别	具体说明
1	财产风险	财产风险是指财产发生毁损、灭失和贬值的风险。如房屋有遭受火灾、地震从而产生损失的风险
2	人身风险	人身风险是指人们因生、老、病、死而招致损失的风险。如物业服务企业内部员工因病死亡等事故带来的风险

续表

序号	类别	具体说明
3	责任风险	责任风险是指对于他人所遭受的身体伤害或财产损失应负法律赔偿责任，或因无法履行契约导致对方遭受损失时应负的契约责任带来的风险。如物业管理工作中，由于管理服务人员擅自离岗、缺位，导致业户家庭财产受损，管理服务人员承担责任所带来的风险；又如高空抛物导致路人伤亡，抛物者承担责任所带来的风险

5. 按风险承担者的不同划分

按风险承担者的不同划分，物业管理风险可分为物业服务企业风险、业户风险、房地产开发商风险、专业分包单位风险等。具体如表6-5所示。

表6-5　按风险承担者的不同划分物业管理风险

序号	类别	具体说明
1	物业服务企业风险	物业服务企业风险是指物业服务企业在物业管理活动中，由于企业员工管理缺位或服务质量不到位，给业户造成损失进而带来的风险
2	业户风险	业户风险是指广大业户由于信息不对称，对物业服务企业及物业管理内容缺乏了解，选择的物业服务企业提供的服务和内容并未达到标准，即出现质价不符的情况，使广大业户承受精神与经济损失而带来的风险
3	房地产开发商风险	房地产开发商风险主要是指物业管理的前期介入和前期物业管理选择的物业服务企业所提供的服务并未使楼盘建设及楼盘销售达到自己的预期目标而带来的风险
4	专业分包单位风险	专业分包单位风险是指物业服务企业把一些独立的服务分给专业公司去做（例如保洁、绿化、维修、安全护卫等）。他们面临的风险包括资金的压力、服务质量及价格的竞争

二、物业管理风险的来源

物业服务企业的风险按其来源分类，有外部的风险和内部的风险。当然，以下提到的一些风险可能同时具备外部和内部的因素，应该综合分析。

1. 外部风险

外部风险主要包括以下内容：

① 过度依附于房地产开发公司，或开发建设过程中存在不利因素，从而带来系列风险。

很多物业服务企业虽说有自己独立的法人资格、独立的经营管理团队，但实际在财务、人力资源、经营决策等方面都依附于房地产开发公司，造成物业服务企业的服务目标、服务对象一定程度偏离广大业主，影响物业服务企业独立、健康发展，其中所造成的一个较普遍的现象是，房地产开发公司经常拖欠空置房的物业管理服务费。

比如，在项目开发设计时未充分考虑后期物业管理的需要和运行维护成本，建设过程中未按质量标准施工、安装，分期开发周期过长、部分设施设备交付时间不同步，个别销售过程中对业主存在不负责任的承诺现象等，都在一定程度上增加了管理难度和管理成本。

② 各行政主管部门和各相关专业部门服务不及时、不到位，过多干预等现象增加了物业服务企业的经济负担。

物业服务企业只是一个经济实体，当遇到很多需要行政干预和支持的管理问题时，常常得不到相关行政主管部门的及时帮助。

比如，对于令很多小区物业管理人员头痛的住宅区内乱搭乱建、违规装修、小区宠物扰民等问题，物业服务企业只能疏导、教育、报告，而相关的管理和处理需要合理适度的行政支持。另有一些部门或下属机构借行政名义，过度摊派、过度赞助、过度评比，增加企业负担。

由于相关法规有待细化，或执行力度不够，物业服务企业在供水、供电、社区服务等方面与相关部门关系不顺，造成责任不清，互相推诿、拖延等问题，使物业服务企业产生了额外的营运成本风险。

③ 业主、非业主用户对物业服务消费的观念不成熟，业主大会、业主委员会不规范运作引起诸多问题，这些都增加了物业服务企业的营运风险。

④ 业主委员会难成立，或少数业主委员会委员存在不管事、乱管事、谋求私利等问题，这些都对物业服务企业正常工作的开展构成了极大的风险。

减少以上外部风险，需要有关主管部门对相关法律法规加强宣传，并加大执行相关法律法规的力度。物业服务企业自身能做的事相对有限，主要是在相关法规合同上尽力减少企业的风险。当然还有很多其他种类的外部风险，像各种自然的、人为的、设备的意外事故也是企业经常遇到和考虑的风险，一般这种风险通过专业的保险公司基本可以转嫁出去，从而减轻企业的压力。

2. 内部风险

物业服务企业内部的风险主要由企业领导不重视长期利益，追求短期利益；专业人才缺乏，物业从业人员素质较低；内部管理不科学、不规范、不全面或制度执行不到位等造成。

① 企业领导不重视长期利益，追求短期利益带来的风险。许多物业服务企业认为物业管理中最重要、最中心的，也是最终目标的问题，是物业管理服务费的高收缴率。这种观念和指导思想错误地引导着物业工作人员，使其脱离了服务于业户的本职工作，将提供

优质物业服务的工作意识给淡化了,造成诸如公共卫生未能及时检查整改;设施设备处于"亚健康"状态运行,缺乏常规检查保养,增加损坏或发生事故的频率;减少提供其他人性化、细微化服务方面的工作投入等问题。如此本末倒置的工作重心必将导致服务质量降低、投诉增加、物业费难收齐等,增加企业的运行成本,甚至引发业主解除物业服务合同的风险。

② 专业人才缺乏,物业从业人员素质较低带来的风险。实际上,这是一种综合性风险因素。首先,外部就业环境中,物业行业还不具备吸引高素质人才的基础;其次,为了控制成本,企业未考虑长期效益,不愿意支付高薪来聘请高素质人才;最后,企业聘请进来的人员,未严格按法规合同要求,或按照服务工作的需要,投入必要的完善的培训过程。而由于人员素质未达到要求,容易发生违规操作等,造成环境污染,还容易产生人员中毒等显性的或隐性的事故,这往往让物业服务企业担当起很大的社会责任,面临着很大的风险。

③ 内部管理不科学、不规范、不全面或制度执行不到位等造成的一系列风险。这是物业服务企业最常见、最普遍的,也是目前众多风险中最能进行自我控制的一类风险。

三、物业风险管理的目标

物业风险管理的目标主要包括图 6-1 所示的几个方面,旨在确保物业服务的顺利进行和物业服务企业的可持续发展。

建立健全风险管理体系
这是物业风险管理的首要目标。通过构建完整的风险管理体系,可以确保物业管理工作的有序进行,并降低物业管理风险发生的概率

提高风险防范意识
通过加强风险防范意识培训,全体员工都能认识到风险管理的重要性,从而在日常工作中积极预防和应对风险

提高应对并处理风险的能力
在风险发生时,物业服务企业应具备迅速有效地应对并处理风险的能力,以减少损失并保障业主的权益

改进提升物业管理服务质量
通过风险管理,不断改进和提升物业管理服务质量,以满足业主的需求并提高业主满意度

- **降低风险发生概率和减少损失程度**
  物业风险管理的核心目标是降低风险发生的概率和减少风险带来的损失程度。这包括识别潜在风险、制定预防措施、制定应急处置方案等

- **保障业主的合法权益**
  物业风险管理需要确保业主的合法权益得到保障，避免因管理不善导致业主权益受损

- **促进物业服务企业的可持续发展**
  通过有效的风险管理，物业服务企业可以建立良好的声誉和信誉，提高市场竞争力，从而实现可持续发展

图 6-1　物业风险管理的目标

第二节　风险识别与评估

物业服务企业可利用物业管理风险的可预测性特点，识别出物业管理过程中各环节的风险，然后通过对风险的分析与评估，实施全面的监控并采取相应预防和控制措施来防范风险，进而使风险造成的损失降到最低。

一、风险识别

物业管理风险识别旨在预先发现和评估潜在的风险因素，以便及时制定应对策略，降低风险对物业管理活动的影响。通过有效的风险识别，有利于物业管理活动的安全、稳定和高效。

1.风险识别的步骤

① 确定风险识别的范围和目标。明确物业管理活动中可能涉及的各个领域和环节，以及需要关注的风险类型。

② 收集和分析信息。通过查阅相关文件、资料、数据和案例，了解物业管理行业的现状、发展趋势和潜在风险。同时，收集与物业管理活动相关的法律法规、政策规定和合同协议等信息，为风险识别提供依据。

③ 识别潜在风险。根据收集的信息和分析结果，识别出物业管理活动中可能存在的潜在风险。这些风险可能包括但不限于图 6-2 所示的几个方面。

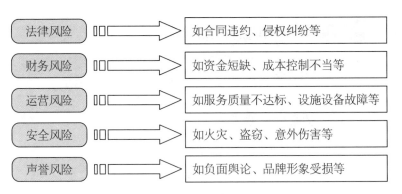

图 6-2　潜在风险的范围

2.风险识别的具体方法

① 头脑风暴法。组织相关人员进行集体讨论，共同识别出物业管理活动中可能存在的风险。这种方法可以充分利用集体智慧和经验，提高风险识别的全面性和准确性。

② 检查表法。根据物业管理活动的特点和历史经验，制定一份详细的风险检查表，通过对照检查表逐项检查，识别出潜在的风险因素。这种方法可以系统地识别风险，避免遗漏。

③ 流程图法。通过绘制物业管理活动的流程图，分析各个环节中可能存在的风险因素。这种方法可以直观地展示物业管理活动的流程和风险点，有助于全面识别风险。

3.风险识别的注意事项

① 充分了解物业管理活动的特点和要求，确保风险识别的全面性和准确性。
② 结合实际情况和历史经验，科学评估风险产生的可能性和影响程度。
③ 重点关注高风险领域和关键环节，制定有效的应对措施和预案。
④ 定期对风险进行复查和更新，确保风险识别的时效性和准确性。

二、风险评估

风险评估是指，在风险事件发生之前或之后（但还没有结束），对该事件给人们的生活、生命、财产等各个方面造成的影响或损失的可能性进行量化评估的工作。风险评估就是量化测评某一事件或事物带来的影响或损失的可能程度。

1.风险评估的目的

物业管理风险评估的目的是通过对物业管理工作中的各类风险进行识别、分析和评价，确定风险的性质、影响程度和发生概率，为制定有效的应对措施提供依据。

2.风险评估的意义

物业管理风险评估有利于提高物业管理的质量和效率，降低经营风险，保障业主和物业使用人的合法权益，促进物业行业的健康发展。

3.风险评估的方法

风险评估的方法主要包括定性和定量两种方法，定性方法包括专家调查法、故障树分析法等，定量方法包括概率分析法、蒙特卡罗模拟法等。

4.风险评估的步骤

风险评估的步骤如图6-3所示。

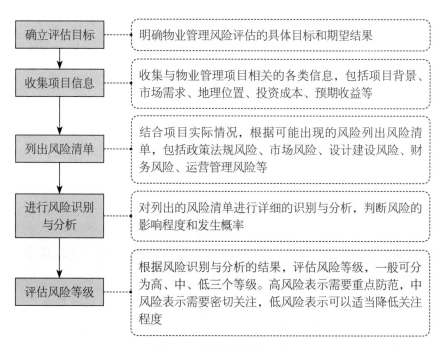

图6-3 风险评估的步骤

第三节 风险应对与处置

在物业管理中，风险应对与处置是一个系统性的过程，需要物业经理在风险识别、评估、策略制定和执行等各个环节中保持高度的警觉和灵活性。通过合理的风险应对与处置措施，物业服务企业可以最大限度地降低风险的发生概率和影响程度，保护自身和业户的安全和利益。

一、风险应对

物业管理风险具有两面性,随着所管理的物业范围扩大,物业档次提高,物业管理风险的趋向会对物业服务企业产生不同影响,若趋向好的方面,会使物业服务企业增加收益;若趋向坏的方面,会使物业服务企业遭受损失。

物业服务企业应针对不同等级的风险,制定相应的应对措施。应对措施可以分为图6-4所示的四种策略。

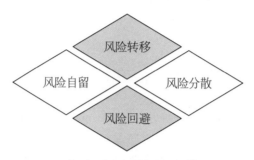

图6-4 应对物业管理风险的措施

1. 风险转移

物业管理风险转移是指物业服务企业将其损失有意识地转嫁给与其有相互经济利益关系的另一方承担,目前许多物业服务企业都在运用这种风险管理方式。

具体做法有:

① 非保险型转移风险。物业服务企业常常将风险影响较大、企业不能接受、可分散的部分风险工程,通过签订专项服务合同的形式,分包给专业技术性强的其他专门公司来承担,实际上就是把风险损失转由另一方承担和赔偿。

比如,物业服务企业把所管理大厦的玻璃外墙的清洗工作分包给设备优良、专业化程度高且技术性强的专业清洗公司,在协议条款中涉及许多具体的责任问题,合同双方可以充分利用条款,巧妙地转移风险损失责任。

物业服务企业可以在协议条款中应用"免责约定"的形式。比如,合同中载明"若被委托方在管理过程中造成业主或使用人的人身、财产损失时,责任和费用由被委托方承担"。

② 保险型转移风险。即通过参加保险,以小数额的保费为代价,避免所承受的风险。实践中,物业服务企业可以为自己的财产、运输工具、机械设备等投保,还可以为员工投保意外伤害险和健康保险。这是由于物业管理服务过程中,有可能发生或出现意外事故,如触电、坠落等工伤事故。

2. 风险自留

物业管理风险自留是指物业服务企业预计某项风险不可避免时,自行设立基金,自行承担风险的处置方式。在处置自留的风险时，物业服务企业要采取各种措施减少风险发生的概率以及降低损失程度。

现实中物业服务企业通常的做法如下：

① 招聘经验丰富的物业管理人员参与全过程的管理。
② 与外聘的保险公司的专家共同组成风险防范小组。
③ 主动采取措施做好财务准备等。

比如，在进行物业管理经费财务预算时，通过留有一定余地来预防漏交率升高带来的风险。

3. 风险回避

物业管理风险回避是指物业服务企业要根据自身的实际情况、经济能力，来选择风险较小的管理项目或放弃那些风险较大的经营服务项目。

对于一些物业管理资质低、管理经验不足的企业，通常选择普通住宅小区物业管理，以此来回避可能因自身经营不善带来的风险，还有一些物业服务企业为了增加收入，本末倒置，将本来就不十分充足的人力、物力投入房地产中介、商业网点、文化娱乐设施等方面，致使本来可以回避的风险没有得到很好的防范，给企业造成了不可估量的损失。

需要特别注意的是，风险与收益共存，一味地、盲目地进行风险回避也是不合适的，它会导致企业争取获得高收益的进取精神不足。

4. 风险分散

物业管理风险分散是指物业服务企业通过科学的管理组合，如几种不同类型的物业管理组合、不同管理期限的组合、物业服务企业自身的"集团式"管理组合，使整体风险得到分散而降低，从而有效控制风险。

应该注意的是，物业服务企业在选择所管理的物业时要注重高风险类型物业和低风险类型物业适当搭配，以便彼此之间相互弥补。另外还要注意同期管理的物业数量，所管理的物业数量太少时，风险分散作用不明显；所管理的物业数量太多时，会加大组织管理的难度，以及导致物业服务企业资源分散，影响组合的整体效果。

相关链接

应对风险需加强沟通与协作

在物业管理中，良好的沟通与协作是确保风险应对措施得以顺利实施的关键。物业服务企业应与业户、政府部门、社区等建立良好的沟通机制，及时获取风险信息，共同应对风险挑战。

1. 建立良好的沟通渠道

物业服务企业内部需要建立起高效的沟通渠道，如采用微信群、邮件列表来进行线上沟通或定期召开会议等，以便各个部门和员工之间能够及时交流和共享信息。同时，物业服务企业也需要与业户建立起良好的沟通渠道，如微信公众号、电话热线等，以便及时回应业户的需求和问题。

2. 加强内部协作

物业服务企业内部各个部门之间需要紧密配合，共同应对风险。这可以通过建立明确的工作流程和责任分工、定期组织内部培训和交流活动、建立共享平台等方式实现。

3. 加强与供应商的合作

物业服务企业需要与各个供应商建立良好的合作关系，确保供应商的服务质量和效率。这可以通过明确双方的合作要求和责任、签订详细的合作协议、定期进行供应商的绩效评估等方式实现。

4. 搭建居民参与平台

居民的参与是物业管理的重要组成部分。物业服务企业可以搭建一个居民参与平台，如社区论坛、微信群等，让居民能够及时了解物业管理的情况，提出建议和意见。这有助于增强居民的参与感和归属感，也有助于物业服务企业更好地了解居民的需求和问题。

二、风险处置

针对已发生的风险，物业服务企业要按照应对策略和计划，组织资源及时进行风险处置，确保风险得到有效控制。具体步骤如下。

1. 控制风险蔓延

风险发生后，能否首先控制住事态，使其不扩大、不升级、不蔓延，是风险处置的关键。风险发生现场人员应做到图 6-5 所示的几点。

确认发生了什么	☞	明确风险的发生时间、发生地点、影响范围、业主思想波动、风险处置方向并报告（包括向上级领导报告和报警）

马上行动	☞	（1）进行隔离。风险若首先在某个局部发生，隔离就是切断风险蔓延的途径 （2）对业主思想进行引导

图 6-5　风险发生现场人员应做到的要点

2. 快速解决问题

风险的处置本身具有很大的风险性，处置的作用有时难以预料。因此，物业服务企业接到汇报后应及时赶赴现场处理信息、确定处理方案和解决问题。

（1）处理信息

风险的信息具有不安全性，真正引发风险的原因很隐蔽。物业经理应在超常的情况下，展开超常思维和采取超常行动，运用一切可行的手段，及时准确掌握大量现象和事实材料，以便做出准确决策。

（2）按照预案或确定方案解决问题

风险的原委及性质确定后，应进行科学的分析、决策，从而解决问题。

3. 善后修复处理

成功的风险处置，包括风险的后续处理阶段，其善后修复处理包括图 6-6 所示的内容。

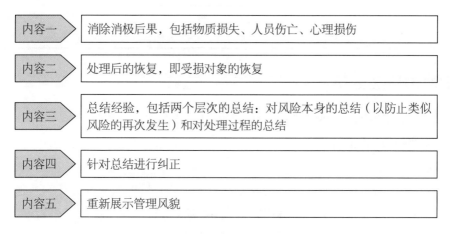

图 6-6　善后修复处理内容

4. 持续监控与改进

物业服务企业应对风险处置过程进行持续监控，确保各项措施得到有效执行。同时，根据风险处置的实际情况，不断改进和优化风险处置流程和管理措施。具体要点如表 6-6 所示。

表 6-6 持续监控与改进的工作要点

序号	工作要点	具体说明
1	建立风险监控机制	（1）设立专门的风险监控部门或指定专人负责风险监控工作 （2）制订风险监控计划，明确监控的目标、频率和方法
2	收集和分析信息	（1）定期对物业管理服务进行内部审查，收集服务过程中的风险信息 （2）通过业户反馈、员工报告、安全检查等方式收集外部风险信息 （3）对收集到的信息进行整理、分析和评估，识别潜在的风险点
3	使用监控技术	（1）引入先进的监控技术，如视频监控、智能报警系统等，提高风险监控的效率和准确性 （2）对监控数据进行实时分析，及时发现异常情况并采取措施
4	建立风险报告制度	（1）定期向上级管理部门或业主委员会报告风险监控情况 （2）对重大风险事件进行专项报告，并提出应对措施和建议
5	制定改进措施	（1）根据风险监控结果，制定有针对性的改进措施 （2）改进措施应具体、可行，并明确责任人和完成时间
6	加强员工培训	（1）定期对员工进行风险意识和应对能力的培训 （2）培训内容包括风险管理知识、安全操作规程等
7	优化服务流程	（1）分析和改进物业服务流程中的瓶颈环节 （2）引入先进的管理理念和工具，提高服务效率和质量
8	引入新技术和设备	根据物业管理需求，引入新技术和设备，提高风险防控能力。比如，引入智能门禁系统、智能照明系统等，提高物业管理的智能化水平
9	建立持续改进机制	将风险监控与改进工作纳入物业管理日常工作中。定期对风险监控与改进工作进行评估和总结，不断优化和改进风险处置策略

5.定期总结与反馈

物业服务企业可以定期对风险处置工作进行总结与反馈，及时发现存在的问题和不足，并采取相应的改进措施。

（1）定期总结

定期对物业管理风险处置工作进行总结，分析风险处置的效果和存在的问题，为下一阶段的风险管理工作提供参考。具体内容如表 6-7 所示。

表 6-7 定期总结的内容

序号	总结要点	具体内容
1	风险识别与评估	（1）回顾本期风险识别与评估的过程，总结识别的风险因素的数量、类型及重要程度 （2）分析风险评估结果，对高风险、中风险和低风险进行分类统计，明确风险管理的重点

续表

序号	总结要点	具体内容
2	风险应对措施的实施情况	（1）总结本期风险应对措施的实施情况，包括已采取的措施、实施效果及存在的问题 （2）对于实施效果显著的措施，进行经验总结和分享；对于存在问题的措施，分析原因并提出改进建议
3	风险监控与检查情况	（1）回顾本期风险监控与检查的过程，总结监控的频率、方式及发现的问题 （2）分析监控数据的趋势和变化，判断风险是否得到有效控制，是否存在新的风险点
4	风险管理成效评估	（1）评估本期风险管理的整体成效，包括安全事故发生率、业主满意度等指标的变化情况 （2）分析成效提升的原因和存在的不足，为后续风险管理工作提供借鉴和参考

（2）及时反馈

物业服务企业应将风险处置的结果及时反馈给相关部门和人员，以便他们了解风险管理的进展和效果，增强风险管理的意识和能力。具体内容如表6-8所示。

表 6-8　及时反馈的内容

序号	反馈要点	具体内容
1	对内反馈	（1）将总结结果及时传达给物业管理团队，让团队成员了解风险管理的现状和问题 （2）针对存在的问题和不足，提出具体的改进建议和要求，推动团队不断提升风险管理能力
2	对外反馈	（1）将风险管理工作的总结结果和成效向业主委员会、业主大会等相关方进行反馈 （2）听取业户和相关方的意见和建议，了解他们的需求和期望，为后续改进提供方向

第四节　风险防范与控制

企业发展的过程，从根本上讲，是一个战略决策与风险控制的过程，过程中风险与机遇并存。只要物业服务企业时常树立危机意识，建立有效的风险防范与控制机制，并运用先进的管理手段与技能付诸实践，就可以将各种管理风险降低到可控状态，实现企业的良性发展。

一、风险防范

对人体健康而言,最好的办法是以预防为主,做到防患于未然。对物业管理来讲也是一样,预防是风险管理的一部分,也是风险管理的核心,因此物业管理风险防范显得非常重要。物业服务企业可从图 6-7 所示的几个方面来着手做好风险防范工作。

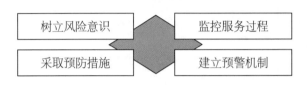

图 6-7　风险防范措施

1. 树立风险意识

① 物业服务企业应要求公司各级基础物业管理人员高度重视和参与风险管理,将风险管理督导列入自身职责范围,积极指导相关业务组开展安全服务,在日常工作中落实风险管理,做好风险管理的"监督官"。

② 将风险意识列入日常培训计划。具体内容如图 6-8 所示。

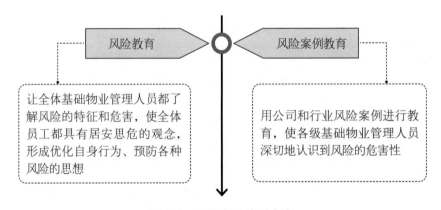

图 6-8　风险意识培训内容

2. 采取预防措施

① 建立健全基础物业管理各项安全管理制度、预案和公众管理制度,如配电房安全操作规程、电梯安全操作规程、日常维修安全操作规程、治安人员自身安全管理规程等。

② 将风险转移。如,对于电梯和消防等可以进行外委(委托外部专业公司)的设备,需在维保合同中明确约定责任。对于外墙清洗等高空作业,也应在合同中明确责任。与业户签订治安消防安全责任书。

③ 加强业户宣传教育,做好业户行为的引导和劝导工作。

④ 建立容灾机制。物业服务企业应根据企业自身情况,建立风险识别列表,制定相

应防范措施和处理预案，并培训到位。

3. 监控服务过程

① 各级基础物业管理人员便是本职工作范围内的风险监测人员，对自身所负责的工作进行监测，如设备管理人员应对设备运行情况进行监测。

② 风险来源确认。各级基础物业管理人员应明确知晓自身所负责的工作范围内可能发生的风险和监测对象，进行严格监测，培养对隐患的识别能力。

③ 物业服务企业应根据自身情况，定期收集基础物业管理过程中的记录资料和相关监测信息，组织人员进行分析、诊断，及时采取防范措施。

4. 建立预警机制

① 物业服务企业应运用定性或定量的方式，制定各类风险来源的上限临界信号，一旦达到临界信号即发出预警。

② 接到预警信号后，各级管理人员应采取防范措施或按照风险处置程序处理。

③ 在进行各类预案的编制时，必须保证预案与项目有充分适宜性、符合性，保证有专业人员的参与，增强预案的有效性。

二、风险控制

内部风险控制（以下简称内控）是风险管理解决方案的重要基础和工具，物业经理应保证各项内控制度制定的合理性和制度执行的有效性。

物业服务企业所制定的风险解决的内控方案，应满足合规的要求，坚持经营战略与风险策略相一致、风险控制与运营效率及效果相平衡的原则。针对重大风险所涉及的各管理及业务流程，制定涵盖各个环节的全流程控制措施。针对其他风险所涉及的各管理及业务流程，要把关键环节作为控制点，采取相应的控制措施。

物业服务企业所建立的内控制度及措施，应包含表 6-9 所示的基本内容。

表 6-9　内控制度及措施所包含的内容

序号	名称	具体内容
1	内控岗位授权制度	对内控所涉及的各岗位明确规定授权的对象、条件、范围和额度等，任何组织和个人不得超越授权做出风险性决定
2	内控报告制度	明确规定报告人与接受报告人，报告的时间、内容、频率、传递路线、负责处理报告的部门和人员等
3	内控批准制度	对内控所涉及的重要事项，明确规定批准的程序、条件、范围和额度、必备文件以及有权批准的部门和人员及其相应责任

续表

序号	名称	具体内容
4	内控责任制度	按照权利、义务和责任相统一的原则，明确规定各有关部门和业务单位、岗位、人员应负的责任和奖惩制度
5	内控审计检查制度	结合内控的有关要求、方法、标准与流程，明确规定审计检查的对象、内容、方式和负责审计检查的部门等
6	内控考核评价制度	具备条件的企业应把各业务单位风险管理执行情况与绩效薪酬挂钩
7	重大风险预警制度	对重大风险进行持续不断的监测，及时发布预警信息，制定应急预案，并根据情况变化调整控制措施
8	以总法律顾问制度为核心的企业法律顾问制度	大力加强企业法律风险防范机制建设，形成由企业决策层主导、企业总法律顾问牵头、企业法律顾问提供业务保障、全体员工共同参与的法律风险责任体系。完善企业重大法律纠纷案件的备案管理制度
9	重要岗位权力制衡制度	明确规定不相容职责的分离，主要包括授权批准、业务经办、会计记录、财产保管和稽核检查等职责。对内控所涉的重要岗位可设置一岗双人、双职、双责，相互制约。明确该岗位的上级部门或人员对其应采取的监督措施和应负的监督责任。将该岗位作为内部审计的重点等。公司风险控制部负责人员经授权，可以兼任内部风险控制制度内相关职责岗位，并主持、组织公司与事业部及子、分企业的相关内部风险控制工作

相关链接

××物业服务企业基础物业管理风险识别与防范

1.基础物业管理风险识别

（1）项目运作风险的识别

项目运作风险是指在项目的运作阶段，由于物业本身具有的瑕疵、发展商与业主的矛盾、业主委员会等因素致使项目出现损失的风险。具体表现如下表所示。

识别项目运作风险

序号	表现形式	生命周期	发生概率	可能损失
1	新建物业无合法报建手续，违章建筑，接管后造成"违法管理"	前期物业服务期	小	罚款、曝光
2	开发商与业主的矛盾，造成公司腹背夹击	前期物业服务期	大	管理被动、物业管理费不能按时收取

续表

序号	表现形式	生命周期	发生概率	可能损失
3	业主委员会成立后解除合同	后期物业服务期	中	物业管理权丧失
4	业主大会或业主委员会滥用职权	后期物业服务期	中	管理被动
5	业主大会或业主委员会未按法定程序成立	后期物业服务期	小	服务合同无效、物业管理权丧失、管理被动
6	非业主滥用业主权利	后期物业服务期	中	管理被动

（2）治安风险的识别

治安风险是指由于外界第三人的过错和违法行为，给物业管理服务范围内的业主或非业主造成人身损害、丧失生命和财产损失等风险，即引发了物业管理服务的风险。具体表现如下表所示。

识别治安风险

序号	表现形式	生命周期	发生概率	可能损失
1	入室盗窃	物业管理全过程	大	罚款、曝光
2	入室抢夺、抢劫	物业管理全过程	中	罚款、曝光
3	入室故意伤害	物业管理全过程	小	人员伤亡、罚款、曝光
4	入室故意杀人	物业管理全过程	小	人员伤亡、罚款、曝光
5	公共区域盗窃	物业管理全过程	大	罚款、曝光
6	公共区域抢夺、抢劫	物业管理全过程	中	罚款、曝光
7	公共区域故意伤害	物业管理全过程	小	人员伤亡、罚款、曝光
8	公共区域故意杀人	物业管理全过程	小	人员伤亡、罚款、曝光

（3）车辆管理风险的识别

车辆管理风险是指物业停车场经营车辆停放服务过程中，车辆发生车身受损、车辆灭失等损坏的风险。具体表现如下表所示。

识别车辆管理风险

序号	表现形式	生命周期	发生概率	可能损失
1	车内物品被盗	物业管理全过程	中	赔偿
2	车身受损，包括擦剐、坠落物砸车	物业管理全过程	大	赔偿
3	车辆丢失	物业管理全过程	中	赔偿
4	物业停车场内交通事故	物业管理全过程	中	赔偿

（4）消防管理风险的识别

消防管理风险是指因发生火灾造成业主的公共利益受损的风险。具体表现如下表所示。

识别消防管理风险

序号	表现形式	生命周期	发生概率	可能损失
1	电气线路引发火灾	物业管理全过程	大	处罚、曝光、刑事拘役
2	明火引发火灾	物业管理全过程	大	处罚、曝光、刑事拘役
3	爆炸	物业管理全过程	小	人员伤亡、赔偿
4	室内浸水	物业管理全过程	大	物品损坏、赔偿
5	机房进水	物业管理全过程	小	设备烧损

（5）设备风险的识别

物业、公共设施和设备的多样性和分散性特点，导致了风险的频繁发生。物业本身主要包括房屋本体公共部位及属于物业管理服务范围的房屋建筑物的附着物、坠落物和悬挂物，公共设施和设备包括供水系统、供电系统、安全报警系统、排水和排污系统、配套的娱乐活动设施等。具体表现如下表所示。

识别设备风险

序号	表现形式	生命周期	发生概率	可能损失
1	触电伤人	物业管理全过程	中	赔偿
2	房屋附着物垮塌	物业管理全过程	小	人员伤亡、物品损坏、赔偿
3	爆管	物业管理全过程	中	业主产生矛盾、拒缴物业费、水资源流失
4	二次供水设备损坏	物业管理全过程	小	业主产生矛盾、拒缴物业费
5	水箱污染	物业管理全过程	小	人员伤亡、赔偿、曝光
6	突然超负荷、短路或停送电造成电气设备设施损毁	物业管理全过程	小	赔偿
7	电梯困人	物业管理全过程	大	业主产生矛盾
8	设备检修、保养伤人	物业管理全过程	中	人员伤亡、赔偿
9	公共设施设备、娱乐设备设施伤人	物业管理全过程	大	人员伤亡、赔偿
10	单元门口对讲机设备故障导致业主不能进单元门	物业管理全过程	中	业主产生矛盾

续表

序号	表现形式	生命周期	发生概率	可能损失
11	背景音乐室外音箱遭到损坏	物业管理全过程	小	设备损坏
12	化粪池爆炸	物业管理全过程	小	设施损坏、人员伤亡、赔偿

（6）公共环境风险的识别

公共环境风险是指在小区和大厦的公共区域进行工程施工、绿化施工、消杀等工作过程中可能存在的对业主造成伤害的风险。具体表现如下表所示。

识别公共环境风险

序号	表现形式	生命周期	发生概率	可能损失
1	儿童落水	物业管理全过程	中	人员伤亡、赔偿
2	儿童戏水触电	物业管理全过程	中	人员伤亡、赔偿
3	游泳池伤人	游泳池开放过程	中	人员伤亡、赔偿
4	植物伤人	物业管理全过程	中	人员伤亡、赔偿
5	跌落、滑倒、碰撞	物业管理全过程	大	人员伤亡、赔偿
6	业主宠物伤人	物业管理全过程	中	人员伤亡、赔偿

（7）内部管理风险的识别

内部管理风险是指由于内部管理及劳资纠纷、不安全生产及违规操作而造成的风险。具体表现如下表所示。

识别内部管理风险

序号	表现形式	生命周期	发生概率	可能损失
1	员工损公肥私、贪污盗窃或监守自盗	物业管理全过程	大	资金损失
2	猎头挖人	物业管理全过程	大	主要管理人员流失
3	员工消极怠工、爆发激烈冲突、集体跳槽	物业管理全过程	小	服务工作不能正常开展
4	高空作业不安全生产	物业管理全过程	小	人员伤亡、赔偿
5	电气设备违规操作	物业管理全过程	小	人员伤亡、赔偿

(8) 收费风险的识别

收费风险是指由于公司收费方面出现问题而造成的风险。具体表现如下表所示。

识别收费风险

序号	表现形式	生命周期	发生概率	可能损失
1	业主长时间拖欠费用	物业管理全过程	大	服务工作不能正常开展
2	业主集体拒缴费用	物业管理全过程	小	服务工作不能正常开展
3	物业费标准不统一	物业管理全过程	大	业主拒缴物业费
4	水电费的拖欠	物业管理全过程	小	停电、停水

(9) 自然灾害风险的识别

自然灾害风险是指因狂风、暴雨等造成的风险。具体表现如下表所示。

识别自然灾害风险

序号	表现形式	生命周期	发生概率	可能损失
1	雷击	物业管理全过程	大	人员伤亡、赔偿
2	暴雨	物业管理全过程	大	设备机房、停车场进水，造成设备损伤
3	狂风	物业管理全过程	大	物品坠落、人员伤亡

2.基础物业管理风险防范

(1) 项目运作风险的防范

对于项目运作风险的防范措施如下表所示。

项目运作风险的防范

序号	表现形式	风险预控	采取措施
1	新建物业无合法报建手续，违章建筑，接管后造成"违法管理"	风险转移	物业接管验收时严格把关，并在《前期物业服务合同》中增加相应条款，实现非保险型风险转移
2	开发商与业主的矛盾，造成公司腹背夹击	风险自留	做好与开发商和业主的沟通工作
3	业主委员会成立后解除合同	风险自留	准确引导业主委员会成立，形成管理服务有利面
4	业主大会或业主委员会滥用职权	风险自留	建立业主委员会沟通和监测管理规程，通过沟通，正确引导业主委员会的行为

续表

序号	表现形式	风险预控	采取措施
5	业主大会或业主委员会未按法定程序成立	风险自留	准确引导业主委员会的成立，注意监测非业主委员会委员的动态
6	非业主滥用业主权利	风险自留	积极与业主委员会、业主进行沟通，并在物业服务手册和协议中明确业主的权利和义务，加强宣传

（2）治安风险的防范

对于治安风险的防范措施如下表所示。

治安风险的防范

序号	表现形式	风险预控	采取措施
1	入室盗窃	风险自留	（1）封闭式物业对外来人员实行进入登记，经管理人员同意后方能入内；巡逻人员加强巡逻，注意外来人员动向 （2）非封闭式物业加强巡逻；监控消防中心严格监督外来人员动向和接警处理；确保监控报警设备能正常使用，如出现故障，短时间内不能修复，应采取相应措施加强管理；建立预案
2	入室抢夺、抢劫		
3	入室故意伤害		
4	入室故意杀人		
5	公共区域盗窃		
6	公共区域抢夺、抢劫		
7	公共区域故意伤害		
8	公共区域故意杀人		

（3）车辆管理风险

对于车辆管理风险的防范措施如下表所示。

车辆管理风险的防范

序号	表现形式	风险预控	采取措施
1	车内物品被盗	风险转移	购买停车票时附带购买停车保险；签订车位使用协议，明确车场管理内容；在车场明显位置注明停车须知，明确车场管理内容及车主应遵守的规定；加强车辆进出管理和巡视；取得车场合法经营权
2	车辆灭失		
3	车身受损，包括擦剐、坠落物砸车		
4	物业内交通事故	风险自留	设置车辆行驶标识和限速标识；加强车辆行驶疏导

（4）消防管理风险的防范

对于消防管理风险的防范措施如下表所示。

消防管理风险的防范

序号	表现形式	风险预控	采取措施
1	电气线路引发火灾	风险转移与自留	物业接管时明确要求消防已经过验收并合格；在消防维保合同中明确管理责任；在治安消防安全责任书中明确业主管理责任；加强消防设施设备的日检、周检、月检、季检、年检，做好记录；建立预案，加强人员培训和演练
2	明火引发火灾		
3	爆炸	风险自留	封闭式物业对外来人员实行进入登记，经管理人员同意后外来人员方可入内，巡逻人员加强巡逻，注意外来人员动向；非封闭式物业加强巡逻；监控消防中心严格监督外来人员动向和接警处理；确保监控报警设备能正常使用，如出现故障，短时间内不能修复，应采取相应措施加强管理
4	室内浸水	风险自留	加强装修监管，禁止破坏防水层；在装饰装修管理服务协议中明确责任；建立预案，确保备用物资到位
5	机房进水	风险自留	加强机房巡视；建立预案，并加强人员培训

（5）设备风险的防范

对于设备风险的防范措施如下表所示。

设备风险的防范

序号	表现形式	风险预控	采取措施
1	触电伤人	风险自留	加强对物业内配电箱、线路的巡视工作，若发现问题，及时关闭或处理，并增加安全标志
2	房屋附着物垮塌	风险自留	加强装修监管，严禁增加房屋附着物；加强宣传
3	爆管	风险自留	加强巡视和维护；建立预案，并组织人员培训和学习
4	二次供水设备损坏		
5	水箱污染	风险自留	严格办理相关证件；水箱上锁并按规定定期清洗、检测；加强巡视
6	突然超负荷、短路或停送电造成电气设备设施损毁	风险自留	与供电局加强沟通，保证停送电信息准确；加强对设备的巡视，保证设备运行正常；如有计划性停电提前告知业主；建立预案，并加强人员培训

续表

序号	表现形式	风险预控	采取措施
7	电梯困人	风险转移	在电梯维保合同中明确责任;加强对电梯的巡视,保证设备运行正常
8	设备检修、保养伤人	风险自留	提前告知;设置标识
9	公共设施设备、娱乐设备设施伤人	风险自留	加强对设备设施的巡视,保证设备设施运行正常;告知娱乐要求
10	单元门口对讲机设备故障导致业主不能进单元门	风险自留	加强巡视,及时维修和养护;物业巡逻治消人员熟悉单元门启闭
11	背景音乐室外音箱遭到损坏	风险自留	加强巡视,及时检修;加强业主引导
12	化粪池爆炸	风险自留	加强巡视,及时清掏

(6) 公共环境风险的防范

对于公共环境风险的防范措施如下表所示。

公共环境风险的防范

序号	表现形式	风险预控	采取措施
1	儿童落水	风险自留	增加安全标志;加强巡逻
2	儿童戏水触电		
3	游泳池伤人	风险转移	购买保险;明显处设置游泳须知和禁止标识;取得游泳池合法经营证件;建立预案,并组织人员培训
4	植物伤人	风险自留	加强植物修剪;对于"剑麻"等植物处增加标识
5	跌落、滑倒、碰撞	风险自留	易滑处增加提示标志;维修和更新改造处采取隔离措施,增加明显标识
6	业主宠物伤人	风险自留	加强引导、要求业主给宠物备案、加强巡视

(7) 内部管理风险的防范

对于内部管理风险的防范措施如下表所示。

内部管理风险的防范

序号	表现形式	风险预控	采取措施
1	员工损公肥私、贪污盗窃或监守自盗	风险自留	加强人员培训和思想教育、加强收费控制
2	猎头挖人	风险自留	加强企业文化建设、形成良好晋升和激励机制

续表

序号	表现形式	风险预控	采取措施
3	员工消极怠工、爆发激烈冲突、集体跳槽	风险自留	及时掌握员工思想动态，加强沟通
4	高空作业不安全生产	风险转移	外墙清洗采用外委，在合同中明确责任；建立室外高空维修安全操作规程，并严格执行；为员工购买工伤保险或商业险
5	电气设备违规操作	风险自留	建立室外高空维修安全操作规程，并严格执行；为员工购买工伤保险或商业险

（8）收费风险的防范

对于收费风险的防范措施如下表所示。

收费风险的防范

序号	表现形式	风险预控	采取措施
1	业主长时间拖欠费用	风险自留	建立物业费拖欠预警机制，加强预警；加强与住户的沟通，注意对重点客户进行监控
2	业主集体拒缴费用		
3	水电费的拖欠		
4	物业费标准不统一	风险自留	建立良好的控制和应对措施

（9）自然灾害风险的防范

对于自然灾害风险的防范措施如下表所示。

自然灾害风险的防范

序号	表现形式	风险预控	采取措施
1	雷击	风险自留	定期检测，保证防雷设施完好
2	暴雨	风险自留	注意气候变化；建立预案，定期组织培训和演练；保证应急物资到位
3	狂风		

第七章
物业应急管理

第一节　突发事件处理

物业突发事件处理是一个紧急且系统的过程，旨在迅速、有效地应对各种突发事件，保障业户的生命财产安全，维护社区的正常秩序。

一、突发事件的认知

1.突发事件的定义

在管理实践中，"突发事件"经常与"公共安全""应急管理""风险""风险管理"等概念共同出现。《中华人民共和国突发事件应对法》中将"突发事件"定义为突然发生，造成或者可能造成严重社会危害，需要采取应急处置措施予以应对的自然灾害、事故灾难、公共卫生事件和社会安全事件。这些事件具有图7-1所示的特征。

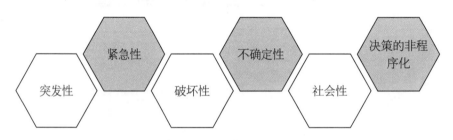

图7-1　突发事件的特征

2.突发事件的分类

我国突发事件主要分为表7-1所示的几类。

表7-1　突发事件的主要分类

序号	分类	常见举例
1	自然灾害	暴雨、台风、雪灾、极端气温、大雾、寒潮等气象灾害，风暴潮、海浪、咸潮等海洋灾害，地震、泥石流、滑坡、地面沉降等地质灾害，洪涝、干旱等水旱灾害，外来物种入侵等生物灾害，森林火灾、草原火灾等森林草原灾害
2	事故灾难	工矿商贸企业各类安全事故，公共设施设备事故，环境污染与生态破坏，交通运输事故，化学品爆炸、毒气泄漏、核辐射等事故
3	公共卫生事件	传染病疫情、群体性不明原因疾病、职业危害、食品安全、动物疫情等
4	社会安全事件	恐怖袭击、群体性事件、经济安全事件、重大刑事案件、涉外突发事件等

3.物业管理突发事件的类型

根据国家突发事件的分类,物业管理突发事件可以分为以下几类。

(1)自然灾害

物业服务企业所管理的小区涉及的自然灾害以气象灾害(暴雨、台风、雪灾)居多,同时海洋灾害(风暴潮)和地质灾害(地面沉降、地震)也会对小区造成不同程度的影响。自然灾害中暴雨、台风易造成城市小区内路面积水或高空悬挂物坠落砸伤住户,冰雹、雪灾、冻雨等易造成房屋、基础设施受损。

比如,突降暴雨会导致居民区楼房出现多处地面沉降,住宅小区天然气管道、供水设施紧急检修,同时房屋受损严重。

(2)事故灾难

事故灾难涉及人们生产生活的方方面面,物业小区虽不涉及工矿企业生产事故、交通运输事故,但火灾、公共设施设备事故、环境污染与生态破坏、工程安全事故、化学品爆炸等事故频发,不容忽视。

(3)公共卫生事件

物业小区涉及的公共卫生事件主要包括传染病疫情、群体性不明原因疾病和食品安全。小区住宅人口聚集密度高、流动频率高,极易传播、扩散传染病疫情。

(4)社会安全事件

物业小区涉及的社会安全事件主要包括群体性事件、网络恶意信息传播、重大刑事案件等。

二、突发事件的处理原则

在日常物业管理服务过程中,有些隐患是不易被事前识别的,有些隐患是很难在事前加以控制的。因此,突发事件的发生也就往往难以避免。但事件发生了,如果能够处理得当,也能有效地降低损失。对于那些已在事前识别并制定了相应的应急处理预案的突发事件,按预案规定处理即可。但对于那些没有预案的突发事件,在处理时则需要把握好图7-2所示的几个原则。

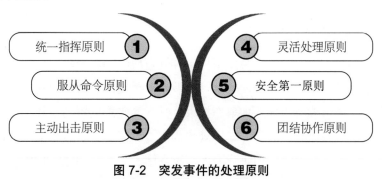

图 7-2　突发事件的处理原则

1. 统一指挥原则

突发事件发生后,应由一名管理人员(一般以当值最高级别的管理人员为佳)做好统一的现场指挥,安排调度,以免出现"多头领导",造成混乱。此时,应找一个影响力较大的管理人员作为指挥官,平时还应培养操作人员的协作能力。

2. 服从命令原则

当事工作人员应无条件服从现场指挥人员的命令,按要求采取相应的应急措施,无条件地配合指挥人员的工作,有效发挥团队协作意识,使计划如期进行。

3. 主动出击原则

突发事件发生时,物业管理人员不能以消极、推脱甚至回避的态度来对待,这无疑是在雪上加霜。此时,应主动出击,直面矛盾,及时处理,敢于承担相应责任。逃避只会使自己变得被动,让别人牵着鼻子走。

4. 灵活处理原则

对待突发事件,应具体问题具体分析。虽然已有预案规定,但如果具体情况发生变化,就应当摆脱预案束缚,及时做出相应的调整。切勿墨守成规,铸成大错,给企业造成无法弥补的损失。

5. 安全第一原则

处理突发事件应以不造成新的损失为前提,不能因急于处理而不顾后果,造成更大的且不必要的人身、财产损失。不要捡了芝麻丢了西瓜,要保持清醒的头脑,知晓孰重孰轻,将安全放在第一位。

6. 团结协作原则

当事工作人员应团结一致,同心协力地处理突发事件。积极配合好指挥官的工作,争取达到更好的处理效果。

三、突发事件的处理要求

对于发生在物业小区内的大型突发事件,其处置权限归属于政府相关部门。但物业服务企业对突发事件进行紧急的、先期的处置有着十分重要的意义。首先,先期处置可以有效地控制局面,扼杀事故苗头和防止事态扩大;其次,先期处置为抢救生命、减少损失赢得了时间并提供了人力保障;最后,先期处置为事后调查、了解真相提供了证据保障,创造了有利条件。在处置过程中,物业管理人员应遵循图 7-3 所示的几个要求。

图 7-3 突发事件处置过程中的要求

1. 及时性

现场处置贵在及时。比如现场急救，若速度缓慢可能导致贻误最佳抢救时机，发生人员伤亡。又如现场保护，若不及时保护，现场痕迹物证就会因各种自然或人为的因素而消失，从而影响后期的调查工作。

2. 合法性

作为担负物业一线安全职责的物业管理人员，法律没有赋予其执法权，因而在实施紧急处置过程中应特别强调依法办事，严格遵守处置程序上的法律规定，不要以处置行为的正当性为借口，来掩盖、忽视处置手段的非法性。

比如，不得以防止交通肇事的司机逃逸为由私自扣押驾驶证，不得以执法者的身份对抓获的小偷私自进行审讯，等等。

3. 安全性

消除危险、恢复安全是突发事件处置的终极目的，所以在处理险情时务必奉行安全至上的原则，尽最大可能保证在场所有人、事、物的安全，力求把损失降到最低。同时安全性也体现出对处置人员自身安全的要求。这似乎与勇敢等处置精神相冲突，但讲求科学、效率的处置理念同样重要。这就要求处置人员应有防护、自卫意识，如选择最佳处置时机、佩戴必要防护用具等。

4. 保全性

若将调查一起安全事故作为一个整体来看，现场控制、抢险等先期处置活动只是调查的一部分，以为后期查明真相、理清责任提供证据保障。这就要求在实施处置措施时，务必时刻具有证据意识，尽量减少对痕迹、物证的破坏，使现场保持事发时的原貌。

四、突发事件的处理步骤

突发事件发生后，物业管理人员应根据突发事件处理程序有计划、有步骤地采取措施，这样才能有效地减轻和消除突发事件后果。一般来说，为了在短时间内有序地处理好突发事件，物业管理人员可参考图 7-4 所示的步骤。

图 7-4　突发事件的处理步骤

1. 查清突发事件全貌

当突发事件来临时,物业管理人员首先应当保持镇静,然后迅速分派人员查清有关事件的基本情况。具体包括:

① 快速获取尽可能多的有关事件的"4W"情况,即突发事件的种类(what)、发生的时间(when)、发生的地点(where)和发生的原因(why),以便掌握事件的基本性质。

比如,小区内发生溢水突发事件,必须查清其发生的时间、位置以及影响的范围,同时要查清溢水事件是什么原因导致的,是水管爆裂还是水管或地漏堵塞,从而为突发事件的处理奠定基础,查清事件的影响面。

又如,小区内发生业主坠楼突发事件,首先应查清业主伤亡情况,决定如何处理,同时应查清此事是否给其他业主带来恐慌,是否引起媒体关注等,为突发事件的下一步处理分清处理的事项。

② 查清事件的现状,现处于突发事件的哪个阶段,如事件是在发作期,还是在善后期。若事件还在发作期,应查清其发作的原因是什么,以及怎样才能使事件得到有效的控制,分析采取措施后的效果以及可能出现的社会影响;若事件在善后期,应掌握突发事件是否已得到有效的控制,控制措施的实施情况如何。

③ 了解突发事件的利益关系人及其他相关人。

比如,小区内发生偷盗或抢劫突发事件,应了解当事人和见证人及其所见所闻,有可能的话记录下当事人和见证人的姓名、单位、电话号码及通信地址,以便向警方提供有利证据。

2. 及时隔离突发事件

在查清事件全貌的同时,物业管理人员要迅速及时隔离突发事件,以免事件蔓延扩大。及时隔离突发事件主要包含图 7-5 所示的两个方面。

事件隔离	现场隔离与保护
事件隔离即对突发事件本身实施隔离。如物业管理小区发生火灾,应对发生火灾的区域进行人员疏散,并借用防火卷帘对火灾现场进行隔离,控制火灾蔓延,以防造成更大的损失	现场隔离与保护就是对发生突发事件的现场进行保护,阻止无关人员进入。如:小区发生刑事案件,应注意保护现场,阻止无关人员进入,以免破坏遗留痕迹和物证

图 7-5　及时隔离突发事件

3.迅速处理突发事件

处理突发事件就是根据以上信息,直接对事件造成的问题采取对策和措施以平息突发事件。处理突发事件要注意做好以下两个方面的工作:

① 抓住突发事件影响面,迅速解决主要突发事件。突发事件发生时物业管理人员要及时掌握影响面,迅速做出处理决策,采取措施控制主要突发事件,对突发事件按影响面大小有序进行处理。

比如,小区发生业主意外发病的突发事件,应以业主的生命为重,紧急送往医院救助。

② 消除突发后果。小区突发事件往往会造成物质损失、人员身体伤害和精神损失,给物业服务企业的形象带来不利影响,因此,消除突发的不利后果是组织突发事件处理工作的主要任务,这就要求物业管理人员及时消除各种突发后果,尽快恢复物业服务企业的形象和声誉。

比如,小区内有儿童掉入窨井,应立即对儿童进行救助,同时安慰其父母,并作出相应的经济赔偿,以减少突发事件带来的负面影响。

4.突发事件处理评估

突发事件处理评估是指物业服务企业对其突发事件处理工作及其成效的调查、评价和总结,它是整个突发事件处理工作的最后一个环节。一般来说,突发事件处理评估包括图7-6所示的三个方面的工作。

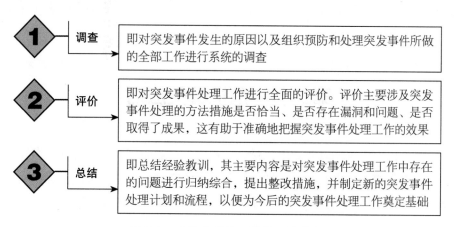

图7-6 突发事件处理评估工作内容

五、突发事件处理中的沟通

发生突发事件,物业服务企业首先要面对的就是受害人、媒体。他们对特定事件的判断,足以左右大众对该事件的看法,因此在处理突发事件时,其中一项重要工作就是与突发事件的受害人和媒体做好沟通、交流，以此平息受害人对突发事件处理的不满和媒体的批评。

一般来说，沟通与交流的对象主要分为直接利益受害人与媒体、其他业主、政府官员、员工。

1. 与直接利益受害人进行沟通

由于突发事件直接利益受害人是突发事件的直接接触者，其经济上或精神上受到了威胁与损失，在心理上不平衡，所以在突发事件发生期间以及结束之后，需要倾听受害人的意见，把握受害人的情绪，耐心向受害人解释，让受害人理解公司已在全心全意为客户服务。无论是他们需要帮助的时候，还是突发事件发生之后，物业服务企业都应当选择适当时机，及时与直接利益受害人进行沟通，往往能取得意想不到的效果。

2. 与媒体、其他业主、政府官员、员工做好沟通

由于突发事件阶段往往出现信息不全、传递受阻甚至中断的情况，所以需及时梳理事件的原委，制定各项善后措施，以书面形式，秉持最诚恳的态度、运用最恰当的言语召开记者招待会，以最有诚意的态度公开事件的真相，以最真诚的态度坦承错误，公开表达歉意，并表明要承担相应的责任，由发言人主动、迅速而正确地将信息传送给外界，以赢得受害人的信赖与舆论界的支持。同时可以避免因记者追逐新闻而产生的纷扰，防止突发事件信息被夸大、出现偏差传送等情况，影响物业服务企业的形象与名誉。

同时，要特别注意内部人员口径统一，避免内部传出不统一的消息而让外界怀疑信息的可靠性。

第二节　危机公关应对

在当今社会，危机事件时有发生，对于物业服务企业而言，危机公关工作显得尤为重要。危机公关工作的质量直接关系到物业服务企业的声誉和发展。因此，物业服务企业应该积极采取措施，做好危机公关工作，以应对各种潜在的危机情况。

一、公关危机与危机公关

1. 什么是公关危机

公关危机即公共关系危机，是指影响组织生产经营活动的正常进行，对组织的生存、发展构成威胁，从而使组织形象遭受损失的某些突发事件。

2.什么是危机公关

危机公关是指社会组织为避免或者减轻危机所带来的严重损害和威胁,从而有组织、有计划地学习、制定和实施一系列管理措施和应对策略,包括危机的规避、控制、解决以及危机解决后的复兴等内容的动态过程。

二、危机公关的重要性

危机事件是有违常规并对企业经营造成干扰的事件。毫不夸张地说,它可以决定一个企业的成败。更致命的是,危机事件往往在几乎没有或完全没有预警的情况下发生,并经常造成影响深远的后果。危机事件可以出现在任何企业当中,不论该企业规模大小,也不论它是上市公司还是中小企业。

在市场竞争如此激烈的今天,任何一个社会组织都可能遭遇危机事件。特别是处在服务行业的物业服务企业,其与大众的生活息息相关,大家都能对其服务质量的高低有切身体会。因此,物业管理服务一旦出现问题,很容易遭受业户的投诉,并迅速转化为物业管理危机事件。

实际上,物业服务企业的危机公关就是维护企业形象,与媒体和公众进行沟通。物业管理行业涉及面很广,它是一个很庞大的系统工程,随着业户维权意识的觉醒,物业服务企业危机事件的发生频率越来越高。因此,物业服务企业必须补上危机公关这一课,设立危机公关机制,培养每位员工的危机意识,一旦危机来临,必须能够马上开始处理并力挽狂澜。可以说,一个物业服务企业对危机事件的处理水平能够比较集中地体现出它的公共关系水平。

作为管理者,如果在危机事件中处理不当,会导致舆论失控、住户不满、信任缺失等问题,从而严重影响物业服务企业的声誉和客户关系。

三、危机公关的原则

由于公关危机的发生具有偶然性,其发生的时间、地点以及具体表现形式都是随机的、不确定的,因此物业服务企业在处理危机事件时,关键是要把握好图 7-7 所示的三个原则。

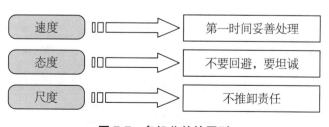

图 7-7 危机公关的原则

1.速度——第一时间妥善处理

危机事件发生时,物业服务企业应该在第一时间成立应急小组,统一内部口径,这个"统一"不能只是局限在领导层,也要把员工纳入进来。媒体有可能在任何机会或场合下采访员工,如果因为员工不清楚状况,随便说了某句话使媒体误以为公司不重视此事,后果有可能是无法控制的。因此,物业服务企业在处理危机事件时必须做好对内沟通和对外沟通工作。在处理危机事件的过程中,速度是至关重要的,要想把危机事件的影响控制在最小范围内,物业服务企业就必须在最短的时间内做出反应,为企业赢得更多的时间和机会。

2.态度——不要回避,要坦诚

在危机事件发生的最初阶段,有些企业会采取回避媒体的态度,这将导致危机事件愈演愈烈,影响越来越大。许多危机事件处理得不好,就是因为企业一开始的态度有问题,这些表现在很大程度上影响到了企业在公众心目中的形象。事实上,物业服务企业在遇到危机事件时,选择坦诚地面对媒体和公众才是最佳选择。

3.尺度——不推卸责任

在处理物业管理危机事件时,物业服务企业要把握好尺度,既不能大包大揽,把本不属于自己的责任揽到自己的身上,代人受过,也不能推卸责任,回避问题。任何一场危机公关,实际上都是一场没有硝烟的战斗。在危机来临之时,真的很难预料会出现怎样的结果,但是作为物业经理,不管遭受多大的委屈和指责,都必须做到冷静、理智、不冲动,避免激化矛盾,尽量降低危机事件的不良影响。

四、危机公关的阶段

在实际工作中,物业服务企业的危机公关大体上分为危机预防、危机处理和危机后期三个阶段。

1.危机预防阶段

在此阶段,物业服务企业主要应当做好图7-8所示的几方面工作。

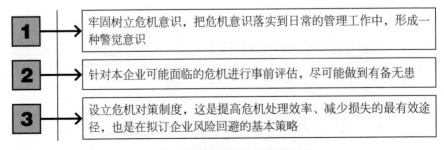

图7-8 危机预防阶段的主要工作

2.危机处理阶段

在此阶段,物业服务企业应当建立快速危机处理机制,包括定期分析机制、人员责任落实机制、各类险情紧急处理预案、通信联络等,做到各类风险发生时按预案进行,有条不紊、不打乱仗。

在危机将要出现时,物业服务企业要能及时识别、及时应对,做到尽早发现端倪、尽早发出预警、尽早排除险情、尽早弥补险情造成的损失。还要做好善后工作,进行总结检查,吸取教训。

在危机发生后,要快速解决,并注意引导舆论、寻找源头、分析信息、确定对策、发挥企业力量、落实预案。

3.危机后期阶段

在此阶段,物业服务企业要学会从危机中吸取教训或获得利益,在处理危机时不仅要敢于直接面对危机本身及危机所带来的后果,采取正确的措施,消除危机带来的负面影响,从而使企业逐步恢复发展活力,化险为夷,而且要学会在危机消除后吸取教训,举一反三,化解同类险情。

五、危机公关的措施

在当今高度信息化的社会,企业或组织时常面临各种危机。危机公关作为应对危机的一种重要手段,对于维护企业或组织的形象和声誉具有至关重要的作用。在物业管理过程中,面对公关危机,物业服务企业可以参考图 7-9 所示的措施。

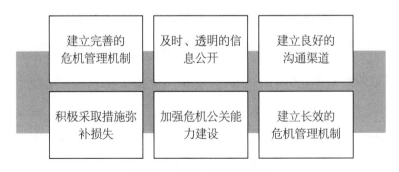

图 7-9　危机公关的措施

1.建立完善的危机管理机制

物业服务企业应该建立一套完善的危机管理机制,明确责任分工,制定应急预案。首先,应任命专门负责危机公关的团队或个人,负责危机事件的应对和公关工作;其次,应制定详细的应急预案,包括各种可能发生的危机情况和相应的处理措施。这些预案应该经过充分的讨论和实践，确保在危机发生时能够迅速、有效地应对。

2. 及时、透明的信息公开

在危机事件发生时，物业服务企业应第一时间向社会公众公开相关信息，确保公开信息的及时性和透明度。物业经理应利用各种渠道，如媒体、社交平台等，发布准确、客观的信息，以避免谣言的传播和不良影响的扩大。同时，应积极回应公众的疑问和关切，提供详细的解释和说明，以增加公众的信任和理解。

3. 建立良好的沟通渠道

物业服务企业应积极与利益相关方进行沟通，包括业主、业主委员会（简称业委会）、政府部门等。物业服务企业应及时向业主和业委会通报危机事件的进展情况，并听取他们的意见和建议。此外，与政府部门的沟通也是非常重要的，物业服务企业应主动与政府部门联系，寻求支持和协助，共同应对危机事件。

4. 积极采取措施弥补损失

在危机事件发生后，物业服务企业应积极采取措施弥补损失，以恢复公众对公司的信任。应向受损害的业主提供合理的赔偿或补偿，并承担相应的责任。同时，还应加强对物业设施的维护和管理，以防止类似事件再次发生。

5. 加强危机公关能力建设

物业服务企业应加强团队危机公关能力建设，提高危机公关的应对能力。物业服务企业可以组织员工参加培训和演练，提高员工的应急处理能力和危机公关意识。此外，还可以与专业的公关机构合作，共同制定危机公关策略和方案，以应对各种危机情况。

6. 建立长效的危机管理机制

物业服务企业应将危机公关工作纳入日常管理中，建立长效的危机管理机制。物业经理应定期审查和更新应急预案，及时总结经验教训，不断完善危机管理的各项工作。只有在平时就做好危机公关的准备和预防工作，才能在危机发生时做出及时、有效的应对。

六、危机公关的策略

危机产生后，处理危机是一个综合性、多元化的复杂问题，物业服务企业在进行危机处理时，必须积极应对，科学、妥善处理，透过表面现象看本质，创造性地解决问题，化害为利，转"危"为"机"。对此，主要应把握好图7-10所示的几点策略。

图 7-10 危机公关的策略

1. 保持清醒，以静制动

危机会使人处于焦躁或恐惧之中，令人心神不安。物业管理人员在处理危机时应保持清醒，以"冷"对"热"，以"静"制"动"，镇定自若，以减轻员工的心理压力，给外界展示一个坚强干练的形象。

2. 统一思想，达成共识

在企业内部迅速统一思想，对危机达成一致的认识，包括好的和坏的方面。这样做的好处是可以避免员工的无端猜测，从而稳住阵脚，万众一心，共同应对危机。

3. 谨慎决策，快速出击

由于危机瞬息万变，即使信息匮乏，危机决策也要迅速做出，任何模糊的决策都会产生严重的后果。物业服务企业必须在第一时间快速做出决策，系统部署，行动果决，控制事态，化解危机。

4. 利用资源，借助外力

当危机来临，物业服务企业切不可把自己看作是救世主，而是应该和上级主管部门、业主委员会、同行业的企业及新闻媒体充分配合，联手应对危机，在众人拾柴火焰高的同时，增强公信力、影响力。

5. 标本兼治，消除危机

要真正彻底地消除危机，需要在控制事态后，及时准确地找到危机的症结，对症下药，谋求治"本"。如果仅仅停留在治标阶段，就会前功尽弃，甚至引发新的危机。

6. 顾全大局，承担责任

危机发生后，公众会关心两方面的问题。一方面是利益的问题。利益是公众关注的焦点，因此无论谁是谁非，物业服务企业应该顾全大局，勇于承担责任。即使受害者在事故发生过程中负有一定责任，也不应该首先追究其责任，否则因为利益上的原因，双方会各执一词，使矛盾加深，从而引起公众的反感，不利于问题的解决。另一方面是感情的问题。公众一般都很在意企业是否在意自己的感受，因此物业服务企业应该站在受害者的立场上给予一定的同情和安慰，并通过新闻媒介向公众致歉，解决深层次的心理、情感关系问题，这样即使有公众遭受损失，物业服务企业也能够赢得他们的理解和信任。

> **小提示**
>
> 　　面对危机时，物业服务企业应该有一个统一的声音、一个统一的组织和一个统一的负责人，力争在最短的时间内将影响控制在最小的范围内。这个负责人可以由物业经理来担任。

第三节　建立应急响应机制

　　由于自然灾害、设备故障等突发事件，物业管理服务时常面临紧急情况。因此，建立一套科学的物业管理服务应急响应机制对于提高应对突发情况的能力和保障业户的安全至关重要。

一、制定应急预案

　　物业安全应急预案，是指为了保障物业管理人员在提供各种服务的过程中，能够快速有效地应对各种突发案件、事件、事故和其他紧急情况而制定的方案，对于多种突发性灾害事件的灾后行动有很强的指导作用。

　　编制预案的目的是在突发事件发生时，能够快速、有效地组织实施应急行动，最大限度降低突发事件造成的危害和损失，确保国家和人民生命财产的安全。

　　应急预案是物业应急响应机制的核心。一个全面、实用的应急预案应包括以下几个方面。

1.应急组织架构

　　明确应急指挥部、各应急小组及其职责，确保在紧急情况下，每个成员都知道自己的角色和任务。

2.风险评估与预警

　　对可能发生的突发事件进行风险评估，并制定相应的预警机制，以便在事故发生前进行有效预防。

3.应急处置流程

　　详细描述各类突发事件的应急处置流程，包括报警、疏散、救援、医疗救助等环节，确保在紧急情况下能够迅速、有序地采取行动。

4.应急资源保障

列出所需的应急资源，如人员、设备、物资等，并明确获取途径和保障措施。

5.培训与演练

定期组织应急预案的培训与演练，增强员工和业户的应急意识和处置能力。

二、组建应急响应队伍

应急响应队伍是物业应急响应机制的实施主体，因此，加强应急响应队伍建设至关重要。而组建应急响应队伍是一个系统性的工程，物业服务企业可以参考以下步骤和要点。

1.确定组建原则和要求

① 组建原则。应急响应队伍应由物业服务企业管理人员、技术人员和保安人员组成，实行领导小组负责制。

② 组建要求。应急响应队伍成员应具备相关的应急处理经验和专业知识，具备较强的组织协调能力和应急处置技能。

2.构建组织架构

一支完善的应急响应队伍应具有图7-11所示的组织架构。

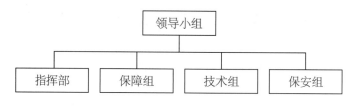

图7-11 应急响应队伍的组织架构

图示说明：

（1）领导小组由物业服务企业总经理担任总指挥，负责统一指挥应急响应队伍的工作。

（2）指挥部由物业经理担任部长，负责协调各部门的应急处置工作。

（3）保障组由财务部门领导担任组长，负责保障应急处置工作所需的经费和物资。

（4）技术组由技术部门领导担任组长，负责应急设备的检修和维护，以及技术支持。

（5）保安组由保安部门领导担任组长，负责维护现场秩序和安全，保障工作人员的安全。

3.明确职责分工

① 领导小组。负责总体指挥各类应急事件的处置工作，制定应急预案和处置方案，进行组织协调和决策，并开展应急演练，提升应急处置能力。

② 指挥部。负责收集和分析突发事件的信息，做出应急响应和决策，协调各部门组织应急处置工作，制定并调整和完善应急预案，提出应急处置的改进建议。

③ 保障组。负责做好应急经费和物资的储备和调配工作，对应急设备进行检修和维护，确保设备正常运行，并及时投入所需的经费和物资来支持应急处置工作。

④ 技术组。负责应急设备的日常维护和管理，提供技术支持，协助指挥部开展应急处置工作。

⑤ 保安组。负责维护现场秩序和安全，保障工作人员的安全，发现和处理突发事件现场的安全隐患，协助指挥部和技术组开展应急处置工作。

4.培训和提升

① 定期进行应急响应培训和演练，提高应急响应队伍的专业素质和技能水平。

② 加强有关法律、法规和公司各类规章制度的学习，增强应急响应队伍的法律意识，提升其制度执行力。

③ 针对不同的应急事件类型，进行专门的培训和演练，提高应急响应队伍的专业性和针对性。

5.优化工作流程

① 制定完善的应急预案和处置流程，确保应急响应队伍能够迅速、有效地响应突发事件。

② 建立高效的沟通机制和信息共享平台，确保应急响应队伍之间能够迅速、准确地传递信息和协同工作。

③ 不断优化和改进应急响应队伍的工作流程和管理制度，提高应急响应的效率和效果。

三、储备应急物资

应急物资是物业应急响应机制的物质保障。为确保应急预案的有效实施，需要储备相应的应急物资。

1.列出物资清单

物业服务企业应根据应急预案，列出所需的应急物资清单，包括消防设备、医疗用品、通信工具等。

2.检查与更新

物业服务企业应定期对储备物资进行检查与更新，确保其质量和有效性。

3.存放与管理

物业服务企业应合理规划应急物资的存放位置，并制定相应的管理制度，确保在紧急情况下能够迅速获取。

四、强化预警系统

物业服务企业应建立并强化完善的预警系统，以便及时发现潜在的突发事件，通过监测、预警、预测等手段，及时掌握事件动态，为应急响应机制提供准确的信息支持。

1.明确预警系统的重要性

预警系统作为应急管理的重要组成部分，发挥着关键作用。它利用先进的信息技术手段，通过收集、监测、分析和传播相关信息，向物业服务企业发出涉及紧急情况和灾害危险的预警信息，以便采取适当的措施来减轻损失和保护业户的生命财产安全。

2.加强预警系统的建设

（1）目标和需求明确

明确预警系统的目标和需求，根据具体情况确定预警系统所需的功能和技术要求。

（2）监测和数据采集系统完善

建立完善的监测和数据采集系统，收集各类与预警相关的信息和数据。

（3）信息分析和模型建立

通过对收集到的数据进行分析，建立相应的预警模型和算法，提高预警的准确性和时效性。

（4）信息传播和发布渠道建立

建立高效的信息传播和发布渠道，确保预警信息能够及时准确地传递给相关部门和业户。

3.提升预警系统的技术水平

利用物联网、大数据、人工智能等先进技术，提升预警系统的技术水平，提高预警的准确性和效率。

4. 完善预警系统的管理和运行机制

（1）建立完善的预警管理制度

制定并完善预警系统的运行规范和管理制度，确保预警系统的正常运行和有效管理。

（2）加强对预警系统相关人员的培训和演练

加强对应急管理人员和业户的培训，提高其对预警信息的认识和应对能力。同时，定期组织应急演练，检验预警系统的有效性和可靠性。

5. 加强预警系统的社会参与

（1）鼓励公众参与

通过宣传和教育，提高业户对预警信息的关注度和重视程度，鼓励业户参与预警信息的传递和应对工作。

（2）加强社会组织的合作

与企业、学校等社会组织建立合作关系，共同推动预警系统的建设和完善。

五、开展应急演练和培训

为确保应急预案的顺利实施，物业服务企业应定期开展应急演练和培训活动，提高员工和应急管理人员的应对能力和技能水平。通过模拟演练和实战演练等方式，检验应急预案的可行性和有效性，让员工熟悉应急预案的操作流程和注意事项。同时，应针对演练过程中发现的问题，及时调整和优化应急预案。

1. 应急演练的组织与实施

（1）制订演练计划

结合实际情况，制订详细的演练计划，包括演练目标、内容、时间、地点、参与人员等。

（2）成立演练小组

成立由物业服务企业总经理担任总指挥的演练小组，负责演练的组织、指挥和评估工作。

（3）演练实施

按照演练计划，组织全体员工、业主及居民参与演练。演练过程中，要确保人员安全，避免发生次生事故。

（4）演练评估与总结

演练结束后，组织参与演练的人员进行评估总结，分析演练中的优点和不足，制定整改措施并及时落实。

2.应急培训

（1）培训目标

增强员工和居民的安全意识和应急处理能力，确保在紧急情况下能够迅速、有效地应对。

（2）培训内容

包括安全管理制度、应急处理流程、自救互救技能等。

（3）培训方式

可以采用线上培训、线下讲座、现场实操等多种方式进行。

（4）培训效果评估

通过考核、问卷调查等方式对培训效果进行评估，确保培训质量。

 相关链接

应急演练该如何"演"与"练"

应急演练是各类事故及灾害应急准备过程中的一项重要工作，对于评估应急准备状态，检验应急人员的实际操作水平，发现并及时修改应急预案中的缺陷和不足等具有重要意义，有利于增强应急预案的科学性、可行性和针对性，完善应急准备，提高人们的应急处置能力。

应急演练如果不真"演"，那么肯定起不到"练"的效果，那么演练究竟应该怎样"演"呢？"演"到什么程度呢？如果太逼真会不会发生危险呢？怎样去规避危险呢？

1.演练成员应涉及全员

演练的成员应涉及全员，带动包括群众、周边学校、附近单位、小区居民等在内的人员，培育全民演练意识及相关应急技能。

2."演"要"演得像"

注重演练的目的在于培养大家的意识和技能，而不是单纯地演戏看热闹，可以由相关行业的专家现场督促指导演练的进行，以科学、实战的要求做好每场演练，达到对突发情况能够合理、科学处理的水准。

（1）事故发生场景要逼真，只有场景逼真了，才能让参演者身临其境，产生那种救援的急迫感。假使以后发生类似险情，他们才心里有底，不至于手忙脚乱。

（2）参加演练的人员要"演"得逼真，试想一下，参加应急演练的人员都是抱着无所谓的态度，无组织、无纪律、松松垮垮、慢慢腾腾的，那么怎么体现应急演练的"急"。所以，事故场景布置好、救援总指挥分工明确之后，参演者一定要快速、准确地赶到事故发生地,在确保自身安全的前提下,在最短时间内完成事故处置。试想如果真的发生事故,形势必定十万火急,时间就是生命,若大家平时都把演练当作儿戏,那么当事故真的发生时,可能会带来血的教训。

3."演练"不是"演戏"

应急演练就是一种模拟突发事件发生的"实战"演习。但一些社区对应急演练认识不到位,为了演练而演练,把"演练"当"演戏"。在开展预案演练时,只以书面形式考察大家对预案内容的掌握;在实际演练过程中,让大家严格按照预案内容和程序执行,造成演练过程中规中矩,如同表演有台词的剧本,大家只能按照预设的动作亦步亦趋,使得整个演练过程中"演"的成分多于"练"的成分;有的预案内容将职责明确到人,看似分工到位,职责清楚,但事故现场情况复杂多变,如果人员发生变化,那预案将成为一纸空文;有的预案内容把现场救援行动布置得太具体,忽略了事故现场瞬息万变的情况,重"演"而轻"练",不能达到检验预案、锻炼队伍、提高人员突发事件处理能力的目的。

4.场景布置要有度

"演"是为了"用得着",应急演练不能一味追求"演"得真实,而忽略了参演者的人身安全,所以事故场景布置要把握一个度,做好参演者的防护工作。这就要求组织者在组织应急演练前要制订详细的专项应急演练计划和方案,制订科学的计划和方案是应急演练顺利进行的前提和保障;要组织学习应急演练计划和方案,通过学习让参与应急演练的人员都熟悉计划和方案,以及应急演练的注意事项,并给参演者提供必要的防护设备,防止演练过程中发生事故。

所以,演练过程应"重疗效",让考虑到的场景尽量"还原",让所有参与演练的人员把应急演练当作真实的"身边事故"来对待,准确、及时地开展真实的演练,这样才能保证达到预期效果。

5.要制定演练评估体系

社区应对每场演练制定相关的评估体系,对开展的各场次活动进行打分考评并做出改进,在以后的演练中进行实践验证,以达到应急演练的最佳效果。

六、加强信息沟通与协作

信息沟通与协作是物业应急响应机制的重要组成部分。物业服务企业要建立有效的信息传递机制,确保各级人员能够及时获取相关信息。

1.建立应急信息平台

建立应急信息平台,如微信群、QQ 群等,确保在紧急情况下能够迅速传递信息。

2.信息发布

明确信息发布的渠道和流程,确保信息发布的准确性和及时性。

3.沟通协调

建立与政府部门、社会力量等的沟通协调机制,加强与政府、社区、媒体等相关方的沟通与协作,以形成合力,共同应对突发事件。积极引入社会力量参与应急响应,如志愿者、专业救援队伍等。

七、做好事后恢复与总结

在应对突发事件后,物业服务企业要及时组织人员进行事后恢复工作,包括清理现场、恢复生产、安抚员工等。同时,要对整个应急过程进行总结和评估,总结经验教训,为今后的应急管理工作提供参考和改进的方向。具体要点如图 7-12 所示。

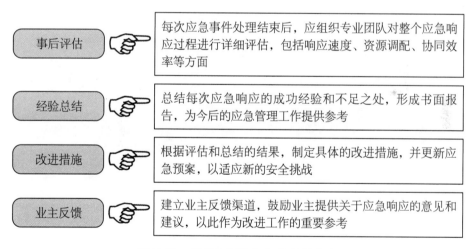

图 7-12 做好事后恢复与总结的要点

第八章

物业合规管理

第一节　管理行为合规

《物业管理条例》是由中华人民共和国国务院发布的行政法规，旨在规范物业管理活动，维护业主和物业服务企业的合法权益，改善人民群众的生活和工作环境。该条例于2003年6月8日由中华人民共和国国务院令第379号公布，自2003年9月1日起施行，并经历了三次修订：2007年8月26日第一次修订，2016年2月6日第二次修订，2018年3月19日第三次修订。条例的内容涵盖了物业管理的各个方面，包括业主的权利与义务、物业的使用与维护、物业服务企业的责任等。物业服务企业应了解并遵守《物业管理条例》，确保管理行为合法合规。在此，简单介绍《物业管理条例》的相关内容。

一、物业管理的定义

《物业管理条例》第二条明确了物业管理的定义，物业管理是指业主通过选聘物业服务企业，由业主和物业服务企业按照物业服务合同约定，对房屋及配套的设施设备和相关场地进行维修、养护、管理，维护物业管理区域内的环境卫生和相关秩序的活动。

二、物业管理的原则

《物业管理条例》第三条、第四条提倡业主通过公开、公平、公正的市场竞争机制选择物业服务企业，并鼓励采用新技术、新方法，依靠科技进步提高物业管理和服务水平。

物业管理是市场经济的产物，而市场经济的主要特征就是通过公开、公平、公正的竞争，达到买卖双方等价交换的目的。因此，竞争是物业管理得以生存和发展的活力源泉。同时，物业管理与服务职能的发挥，必须最大限度地使用科技创新手段、计算机管理手段等，去实施硬件（如房屋、设备与设施等）和软件（如产权、产籍、组织制度、管理方法等）的科学管理，通过内部不同层次的管理活动，达到科学化、制度化与规范化管理以及管理层与作业层人员素质不断提升的目的，即实现物业管理现代化，从而不断提高物业服务水平。

三、物业管理活动的监督

《物业管理条例》第五条规定如下：

"国务院建设行政主管部门负责全国物业管理活动的监督管理工作。

"县级以上地方人民政府房地产行政主管部门负责本行政区域内物业管理活动的监督

管理工作。"

政府对物业管理市场的管理主要指宏观管理，通过政策法规来实现管理目标，把物业管理市场置于政策法规监督之下。政府对物业管理市场的管理，主要体现在图 8-1 所示的四个方面。

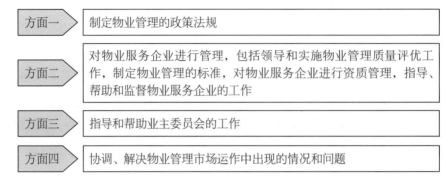

图 8-1　政府对物业管理市场的管理

四、业主的权利

《物业管理条例》第六条规定如下：

"房屋的所有权人为业主。

"业主在物业管理活动中，享有下列权利：

"（一）按照物业服务合同的约定，接受物业服务企业提供的服务；

"（二）提议召开业主大会会议，并就物业管理的有关事项提出建议；

"（三）提出制定和修改管理规约、业主大会议事规则的建议；

"（四）参加业主大会会议，行使投票权；

"（五）选举业主委员会成员，并享有被选举权；

"（六）监督业主委员会的工作；

"（七）监督物业服务企业履行物业服务合同；

"（八）对物业共用部位、共用设施设备和相关场地使用情况享有知情权和监督权；

"（九）监督物业共用部位、共用设施设备专项维修资金（以下简称专项维修资金）的管理和使用；

"（十）法律、法规规定的其他权利。"

本条主要明确了业主的权利，可从以下两个层次进行分析。

1.物业的所有权人为业主

业主，一般意义上是指物业的所有权人。业主既是业主个体自治法律关系的基本主

体,又是业主团体自治法律关系的构成主体,业主的分类如下:

① 根据物业所有权主体是自然人还是法人,可将业主分为自然人业主和非自然人业主,如图8-2所示。

自然人业主

就是指拥有物业所有权的为自然人。如果买房人只支付房款,并未登记过户,不能称其为房屋的业主,只有登记过户之后,才能称其为房屋的业主

非自然人业主

就是指拥有物业所有权的为自然人以外的主体,包括法人和非法人组织。如某公司支付房款并到房产部门登记后,就成为房产部门所登记房屋的业主

图8-2 按物业所有权主体是自然人还是法人划分

② 根据物业所有权主体是单独拥有物业还是与他人共同拥有物业,可将业主分为独立产权的业主和共有产权的业主。这种分类根据不同的标准又有不同的分法。

i. 可以从形式上进行区分,也就是根据房屋的产权证进行区分。凡是房屋产权证上写明只有一个所有人享有房屋产权的,那么这个所有人就是独立产权的业主。凡是房屋产权证上写明房屋产权是共有的,那么房屋产权证标明的所有人就是共有产权的业主。

ii. 可以从实质上进行区分,也就是房屋产权属于一个业主所有还是几个主体共有。现实生活中,绝大部分住宅都是由家庭拥有,而房屋产权证上常常只有一个自然人为所有权人。从形式上来说,这套房屋的业主是独立产权的业主,但实质上,这套房屋的业主是共有产权的业主。

③ 根据物业所有权主体的性质,可以将业主分为公房业主和私房业主两类,如图8-3所示。

公房业主

根据法律规定,公房业主是指国家和集体,但狭义上,公房业主仅指国家及其授权经营管理公房的部门或单位

私房业主

按《中华人民共和国民法典》、《中华人民共和国城市房地产管理法》规定,私房业主仅指拥有个人所有、数人共有的自用或出租的住宅和非住宅用房的业主。但广义上,私房业主是指享有物业所有权的"私人",包括自然人、非国家机关性质的法人和其他组织

图8-3 按物业所有权主体的性质划分

④ 根据物业的基本用途，可把业主分为居住物业的业主和非居住物业的业主。

⑤ 根据享有物业所有权份额，可把业主分为大业主和小业主。

⑥ 根据业主资格取得的先后次序和依据，可以把业主分为原始业主（主要指新建物业的业主）、继受业主（主要指购买物业的人）和准业主（主要指依法被视为业主的业委会和物业使用权合法持有人）三类。

2. 业主享有的权利

物业管理是为了维护全体业主的利益而产生的。根据该条规定，业主在物业管理中享有的权利主要包括表 8-1 所示的几项。

表 8-1　业主享有的权利

序号	享有的权利	具体说明
1	按照物业服务合同的约定，接受物业服务企业提供的服务	物业服务合同是广大业主选举出来的业主委员会与业主大会选聘的物业服务企业之间签订的委托物业服务企业对物业进行综合管理的法律文件。物业服务合同是确定业主和物业服务企业之间权利与义务的基本法律依据。而业主之所以要与物业服务企业签订合同，最主要的目的是接受物业服务企业提供的服务。因此，按照物业服务合同的约定，接受物业服务企业提供的服务，就是业主享有的最基本的权利
2	提议召开业主大会，并就物业管理的有关事项提出建议	业主大会是由物业管理区域内全体业主组成的，维护物业管理区域内全体业主的公共利益，行使业主对物业管理自治权的业主自治机构。提议召开业主大会会议的权利应当由业主享有，以便能够及时解决有关业主公共利益的问题。同时，业主都是物业管理的受益者，物业管理的好坏直接决定了业主的利益能否得到充分的保护，因此，业主有权就物业管理的事项提出建议
3	提出制定和修改管理规约、业主大会议事规则的建议	管理规约是指业主共同订立或者承诺的，对全体业主具有约束力的，有关物业使用、维护及管理等方面权利与义务的行为守则。而业主大会议事规则是业主大会召开时应当遵循的会议程序、决议通过的要求等有关规则。这些规约直接决定和影响了业主的自治权能否得到充分有效的保护。所以，应当赋予业主提出制定和修改管理规约、业主大会议事规则的建议权
4	参加业主大会会议，行使投票权	参加会议权包括获得会议通知权，这就要求会议通知必须充分、明确、按时。参加业主大会，是保证业主民主表决权的前提。而行使投票权能保证业主民主权利的实现

续表

序号	享有的权利	具体说明
5	选举业主委员会成员，并享有被选举权	业主委员会是经业主大会选举产生并经房地产行政主管部门登记，在物业管理活动中代表和维护全体业主合法权益的组织。业主委员会是一个物业管理区域中长期存在的、代表业主行使自治管理权的机构。业主享有选举业主委员会成员的权利，决定着业主自己的意愿能在业主委员会中得以传达，从而决定了业主的利益能得到充分保护。同时，业主享有被选举权。被选举权是指业主作为物业自治管理组织的成员，有被选举为业主委员会成员的权利
6	监督权	监督权的内容主要包括： （1）监督业主委员会的工作 （2）监督物业服务企业履行物业服务合同 （3）对物业共用部位、共用设施设备和相关场地使用情况享有知情权和监督权 （4）监督物业共用部位、共用设施设备专项维修资金的管理和使用
7	法律、法规规定的其他权利	业主的权利可能还会在其他法律、法规中体现。例如，业主对已经履行的房屋买卖合同和房屋产权证所确定的房屋面积享有所有权。除此之外，业主对走道、门厅等共有部分及按同一系列合同出售的小区内的草坪、道路等，根据建筑物区分所有权理论和法律规定，与其他业主共同享有所有权和使用权。业主有权对享有所有权的房屋进行出售、赠予、出租、出借、抵押等处置，不受其他业主、业主自治机构和物业服务企业的非法干涉

五、业主的义务

《物业管理条例》第七条规定如下：

"业主在物业管理活动中，履行下列义务：

"（一）遵守管理规约、业主大会议事规则；

"（二）遵守物业管理区域内物业共用部位和共用设施设备的使用、公共秩序和环境卫生的维护等方面的规章制度；

"（三）执行业主大会的决定和业主大会授权业主委员会作出的决定；

"（四）按照国家有关规定交纳专项维修资金；

"（五）按时交纳物业服务费用；

"（六）法律、法规规定的其他义务。"

本条主要规定了业主的义务，具体如表8-2所示。

表 8-2　业主履行的义务

序号	履行的义务	具体说明
1	遵守规约、执行决定的义务	业主作为物业管理区域内的成员，共同缔结或签署了管理规约，业主大会议事规则，物业管理区域内物业共用部位和共用设施设备的使用、公共秩序和环境卫生的维护等方面的规章制度，以及业主大会的决定和业主大会授权业主委员会作出的决定。物业管理的各项规约中，采取的是多数通过原则，即只要集体中多数成员达成了一致意见，规约就合法生效了，并对所有成员都产生一致的约束力，少数表示反对的成员也必须放弃自己的异议，共同遵守这些规约。因此，物业管理规约对所有业主都有相同的约束力，即使是当初表示了反对的业主，只要规约是合法的，就有遵守的义务。如果业主违反管理规约等自治性规范，则应按照自治性规范中的条款承担责任；造成其他业主损失的，应承担民事赔偿责任
2	交纳资金、费用的义务	业主交纳物业管理服务费用和维修资金是保证物业管理区域获得正常管理和维护的条件，各业主都负有此项义务。基于公共利益，业主享有共益权利，也应承担相应义务。对于经业主大会或业主委员会确定的物业费、维修资金等各项合理费用，各业主即使有异议，也有交纳的义务。如因迟交或欠交而引起其他业主损失的，应负赔偿责任
3	法律、法规规定的其他义务	例如，不得侵害其他业主的权利。管理规约和物业服务企业制定的物业管理规章中，有大量的关于不得侵犯其他业主权利的规定，但是，这些规定仍有未尽之处。对于法律、法规未明确规定的，可能侵犯业主权利的行为，业主不能去做。又如，维护公共利益的义务，对于物业管理区域的业主而言，必然存在着公共利益，每一位业主对此公共利益都有加以维护、不得侵害的义务。各业主处其所有的单元时，应在规定的时间内将处置的有关情况书面告知业主委员会和物业服务企业，并督促有关承受人签署管理规约附件的承诺书，以确保承受人遵守管理规约的条款，受管理规约约束。各业主不得随意改变物业的使用性质，在装修时不得损坏房屋承重结构、破坏房屋外貌，并事先取得物业服务企业和有关部门的同意。各业主在使用共用部位及设施时，不得损害、阻塞或堵塞共用部位及设施，不得在共用部位及设施内作出任何损害其他业主利益的行为

六、物业服务企业的法律性质

《物业管理条例》第三十二条规定如下：

"从事物业管理活动的企业应当具有独立的法人资格。

"国务院建设行政主管部门应当会同有关部门建立守信联合激励和失信联合惩戒机制，

加强行业诚信管理。"

本条明确了物业服务企业的法律性质与诚信管理。

1. 法律性质

物业服务企业是从事物业服务的企业。关于物业服务企业的法律性质，《物业管理条例》作出了明确的规定，即物业服务企业是独立的法人。也就是说，非法人企业不能从事物业管理。独资企业与合伙企业由于不具备法人资格，因此不能成为物业服务企业。依据《民法典》第五十八条的规定，法人应当具备下列条件：

① 依法成立。
② 有自己的财产或者经费。
③ 有自己的名称、组织机构和住所。
④ 法人成立的具体条件和程序，依照法律、行政法规的规定。

除上述条件外，设立物业服务企业，还应当遵守《中华人民共和国公司法》关于设立有限责任公司或股份有限公司的规定。

2. 诚信管理

对物业服务企业应实行诚信管理。国务院建设行政主管部门应当会同有关部门建立守信联合激励和失信联合惩戒机制，加强行业诚信管理。

七、物业服务企业的义务

根据《物业管理条例》的规定，物业服务企业在物业管理过程中，应当履行以下义务。

1. 提供相应服务的义务

《物业管理条例》第三十五条规定：

"物业服务企业应当按照物业服务合同的约定，提供相应的服务。

"物业服务企业未能履行物业服务合同的约定，导致业主人身、财产安全受到损害的，应当依法承担相应的法律责任。"

2. 接管与验收义务

《物业管理条例》第三十六条规定：

"物业服务企业承接物业时，应当与业主委员会办理物业验收手续。

"业主委员会应当向物业服务企业移交本条例第二十九条第一款规定的资料。"

3.合同终止时的返还及交接义务

《物业管理条例》第三十八条规定：

"物业服务合同终止时，物业服务企业应当将物业管理用房和本条例第二十九条第一款规定的资料交还给业主委员会。

"物业服务合同终止时，业主大会选聘了新的物业服务企业的，物业服务企业之间应当做好交接工作。"

4.对违法行为的制止及报告义务

《物业管理条例》第四十五条规定：

"对物业管理区域内违反有关治安、环保、物业装饰装修和使用等方面法律、法规规定的行为，物业服务企业应当制止，并及时向有关行政管理部门报告。

"有关行政管理部门在接到物业服务企业的报告后，应当依法对违法行为予以制止或者依法处理。"

5.安全防范义务

《物业管理条例》第四十六条规定：

"物业服务企业应当协助做好物业管理区域内的安全防范工作。发生安全事故时，物业服务企业在采取应急措施的同时，应当及时向有关行政管理部门报告，协助做好救助工作。

"物业服务企业雇请保安人员的，应当遵守国家有关规定。保安人员在维护物业管理区域内的公共秩序时，应当履行职责，不得侵害公民的合法权益。"

小提示

除了《物业管理条例》，还有其他与物业管理相关的法律法规，物业经理也应了解并掌握，如《物业服务收费管理办法》《住宅专项维修资金管理办法》等，这些共同构成了我国物业管理的法律体系。这些法律法规旨在规范物业管理活动，维护业主和物业服务企业的合法权益，改善人民群众的生活和工作环境。

第二节　合同管理合规

《民法典》实施前，物业服务合同并未列入法律的范畴，只是存在于《物业管理条例》、《最高人民法院关于审理物业服务纠纷案件适用法律若干问题的解释》(简称《物业案件司法解释》)等行政法规或者司法解释中。《民法典》实施后,直接在第三编"合同"的第二分编"典型合同"中新增了第二十四章"物业服务合同"。

《民法典》已为物业服务合同正名,使其从无名合同变成有名合同,物业管理行业也开启了新时代。《民法典》第三编第二十四章共设十四条,对物业服务合同的定义、内容和形式、合同效力、合同续订、解除和终止以及合同主体的权利和义务等内容作出了详细规定。可见,物业服务合同作为有名合同,已上升到一个新的法律地位及高度。因此,物业经理应熟知这些内容,在日常工作中灵活运用并遵守相关规定。

一、物业服务合同的定义

《民法典》第九百三十七条规定如下:

"物业服务合同是物业服务人在物业服务区域内,为业主提供建筑物及其附属设施的维修养护、环境卫生和相关秩序的管理维护等物业服务,业主支付物业费的合同。"

"物业服务人包括物业服务企业和其他管理人。"

物业服务合同是物业服务企业与业主委员会订立的,规定由物业服务企业对房屋及其配套设备设施和相关场地进行专业化维修、养护、管理以及维护相关区域内环境卫生和公共秩序,由业主支付报酬的服务合同。

1. 业主

业主在物业服务关系中处于主导地位,是权利主体。物业服务人的管理权来源于业主将管理业务的全部或部分委托给物业服务人。物业管理的目的是实现全体业主的最大利益。业主还是建筑物区分所有权的权利主体,有支付物业费的义务。物业服务合同由业主委员会与物业服务人签订,业主委员会由全体业主选举产生,其签订物业服务合同是根据业主大会的决议,即业主委员会代表全体业主订立合同。全体业主承担物业服务合同的法律后果。

2. 物业服务人

物业服务人包括物业服务企业和其他管理人,如图8-4所示。

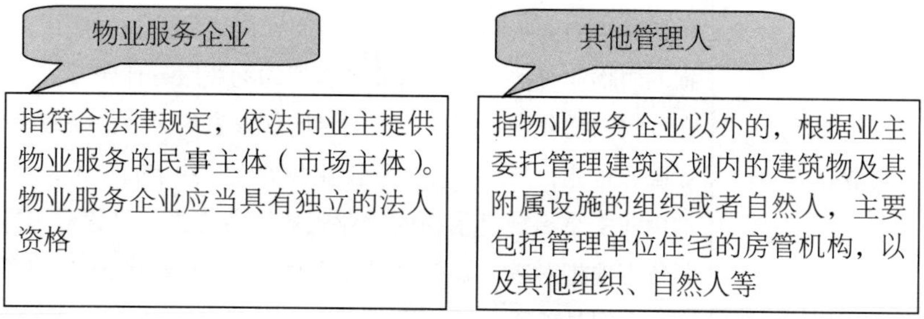

物业服务企业:指符合法律规定,依法向业主提供物业服务的民事主体(市场主体)。物业服务企业应当具有独立的法人资格

其他管理人:指物业服务企业以外的,根据业主委托管理建筑区划内的建筑物及其附属设施的组织或者自然人,主要包括管理单位住宅的房管机构,以及其他组织、自然人等

图8-4 物业服务人的范畴

二、物业服务合同的内容和形式

《民法典》第九百三十八条规定如下:

"物业服务合同的内容一般包括服务事项、服务质量、服务费用的标准和收取办法、维修资金的使用、服务用房的管理和使用、服务期限、服务交接等条款。

"物业服务人公开作出的有利于业主的服务承诺,为物业服务合同的组成部分。

"物业服务合同应当采用书面形式。"

物业服务合同的订立基于法律的规定、当事人的约定以及交易习惯等,只要不违反法律法规,不违背公序良俗,就是有效的约定,双方都应当享有合同的权利,履行合同的义务。

1.物业服务合同的内容

物业服务合同是确立物业服务合同当事人的权利和义务的重要依据。物业服务合同属于复合型合同,涉及的服务领域较多。行政主管部门会颁布物业服务合同的示范文本。物业服务合同应有表8-3所示的内容。

表8-3 物业服务合同应包含的内容

序号	内容要点	具体说明
1	服务事项	即物业服务人的具体管理事项,包括房屋的使用、维修、养护;消防、电梯、机电设备、道路、停车场等公共设施的使用、维修、养护和管理;清洁卫生;公共秩序维护;房地产主管部门规定或物业服务合同规定的其他物业服务事项。对于超出物业服务范围的事项,物业服务人可能需要另行收费
2	服务质量	即物业服务需要达到的标准。中国物业管理协会颁布了《普通住宅小区物业管理服务等级标准》(试行),为物业服务合同双方当事人确定物业服务等级,约定物业服务项目、内容与标准以及测算物业服务价格提供了参考依据。该标准确定了三个等级标准,当事人可以进行选择,如果有超过或低于标准的特别约定可以自行协商确定
3	服务费用的标准和收取办法	即物业服务人提供的服务的对价,可以采取包干制或者酬金制。包干制是指由业主向物业服务企业支付固定物业服务费用,盈余或者亏损均由物业服务企业享有或者承担的物业服务计费方式。酬金制是指在预收的物业服务资金中按约定比例或者约定数额提取酬金支付给物业服务企业,其余全部用于物业服务合同约定的支出,结余或者不足均由业主享有或者承担的物业服务计费方式。服务费用与服务质量、服务事项相对应。服务费用包括的服务事项越多,等级标准越高,费用也就相对越高

续表

序号	内容要点	具体说明
4	维修资金的使用	根据《住宅专项维修资金管理办法》第二十二条、第二十三条规定，需要使用住宅专项维修资金的，物业服务人提出使用建议和使用方案，经符合规定比例的业主讨论通过后，使用住宅专项维修资金。物业服务合同当事人可就专项维修资金申请使用的具体程序作出约定，如约定申请使用专项维修资金，物业服务人应如何提出建议，业主应在多长时间内表决通过，如果物业服务人未及时提出建议、方案，或者业主未在约定的时间进行表决讨论，各自应承担何种责任
5	服务用房的管理和使用	物业服务用房是指物业服务人为管理整个小区的物业而使用的房屋。依据《民法典》第二百七十四条规定，物业服务用房属于全体业主共有。物业服务用房是向小区提供物业服务所必需的。《物业管理条例》第三十七条规定："物业管理用房的所有权依法属于业主。未经业主大会同意，物业服务企业不得改变物业管理用房的用途。"依据该规定，物业服务人应当将物业管理用房用于物业管理，而不得擅自改变物业管理用房的用途，但经过业主大会同意的除外。
6	服务期限	即物业服务合同的起止时间。服务期限届满，物业服务合同终止，合同当事人不需要行使解除权。服务期限未届满，业主或者物业服务人提前解除合同均需符合法律规定的解除条件，否则应承担赔偿损失等责任
7	服务交接	物业服务合同开始履行和终止后，都涉及交接问题，当事人应对期限、方式、交接材料等予以约定。例如，约定物业服务人在合同终止后应向业委会移交公共部位和物业管理资料的期限和方式，明确需要移交的部位和资料目录，进行财务交接等

2.物业服务人公开作出的有利于业主的服务承诺

物业服务人公开作出的有利于业主的服务承诺应作为物业服务合同的组成部分。物业服务人公开作出的服务承诺是业主选聘物业服务人的重要依据，也是业主维护其权益的根据。该规定合理地扩充了物业服务人义务的依据范围，增加了物业服务合同的内容。

物业服务人的服务承诺，是物业服务人从有利于业主及房屋实际使用人、提高服务管理质量和社区生活品质及自律行为的角度考虑，作出的单方意思表示。物业服务人的服务承诺，作为物业服务合同的组成部分，应具备图 8-5 所示的条件。

服务承诺符合上述条件的，即可认定为物业服务合同的组成部分，物业服务人即应依照服务承诺履行服务义务，否则，应承担违约责任。此规定符合诚信原则。

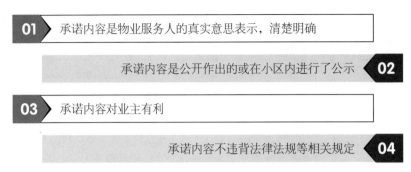

图 8-5　物业服务人的服务承诺应具备的条件

3. 物业服务合同的形式

《民法典》第四百六十九条规定:"当事人订立合同,可以采用书面形式、口头形式或者其他形式。书面形式是合同书、信件、电报、电传、传真等可以有形地表现所载内容的形式。以电子数据交换、电子邮件等方式能够有形地表现所载内容,并可以随时调取查用的数据电文,视为书面形式。"书面形式的优点是合同有据可查,发生纠纷时容易举证,便于分清责任。物业服务合同属于要式合同,即依据法律或当事人要求必须具备一定形式的合同。物业服务合同主要表现为合同书的形式,合同书应记载当事人的名称、权利义务,由当事人在合同上签名、盖章或者按指印。物业服务合同也可以采用电子合同的形式,电子签名的形式应符合《中华人民共和国电子签名法》(简称《电子签名法》)的相关规定。

三、物业服务合同的效力

《民法典》第九百三十九条规定如下:

"建设单位依法与物业服务人订立的前期物业服务合同,以及业主委员会与业主大会依法选聘的物业服务人订立的物业服务合同,对业主具有法律约束力。"

1. 房地产开发企业签订的前期物业服务合同的效力

业主委员会成立之前,房地产开发企业依照《物业管理条例》第二十四条第二款规定选聘物业服务企业,与其签订的物业服务合同对业主具有约束力。前期物业服务合同可以约定期限,但是,期限未满,业主委员会与新物业服务企业签订的物业服务合同生效的,前期物业服务合同终止。

2. 业主委员会签订的物业服务合同的效力

业主委员会根据业主大会的决定与物业服务企业签订的物业服务合同对全体业主具有约束力。

3. 合同无效的情形及处理原则

具有图 8-6 所示的情形之一，当事人请求认定物业服务合同或合同条款无效的，应予支持。

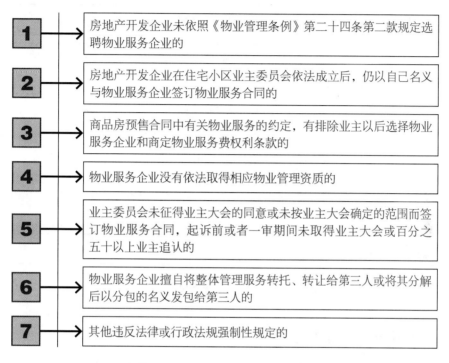

图 8-6　支持认定物业服务合同或合同条款无效的情形

合同被确认无效后，物业服务企业已提供服务的，可请求业主按当地政府规定的最低价格标准支付物业服务费用。

在实践中，具有图 8-7 所示的情形之一，当事人请求认定物业服务合同或合同条款无效的，不予支持。

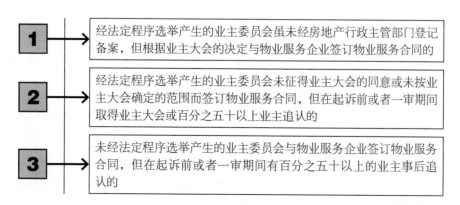

图 8-7　请求认定物业服务合同或合同条款无效而不予支持的情形

4.物业服务合同的终止

物业服务企业有图 8-8 所示行为之一的，业主委员会或委托方有权予以制止，并责令其限期改正；逾期不改正的，业主委员会或委托方可以终止委托物业服务合同。

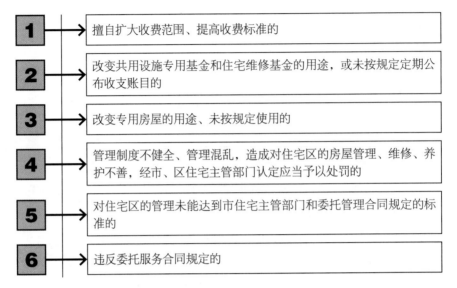

图 8-8　可终止物业服务合同的情形

四、物业服务合同的履行

物业服务合同的履行方式具体表现为物业服务人按约履行义务与业主按约履行义务这两方面。

1.物业服务人的一般义务

《民法典》第九百四十二条规定如下：

"物业服务人应当按照约定和物业的使用性质，妥善维修、养护、清洁、绿化和经营管理物业服务区域内的业主共有部分，维护物业服务区域内的基本秩序，采取合理措施保护业主的人身、财产安全。

"对物业服务区域内违反有关治安、环保、消防等法律法规的行为，物业服务人应当及时采取合理措施制止、向有关行政主管部门报告并协助处理。"

物业服务人作为物业服务机构，仅在自己能力范围内对业主的人身及财产进行保护。而保护的范围，往往由物业服务人与业主在物业服务合同中约定。出现违反治安、环保等法律法规的行为时，物业服务人有义务采取合理措施予以制止，同时可以向有关行政主管部门报告并协助处理。因此，对违法行为进行制止是物业服务人的义务，物业服务人作为物业服务区域内秩序的重要维护者，在维护物业服务区域内的基本秩序、安全秩序方面责无旁贷。

对此，物业经理应根据《民法典》及物业服务合同的约定，对安保人员进行培训，厘清可自行处理与需转交政府部门处理的边界，并制定相关的处理机制，在处理实际问题时做到有据可循。

2.物业服务人信息公开义务

《民法典》第九百四十三条规定如下：

"物业服务人应当定期将服务的事项、负责人员、质量要求、收费项目、收费标准、履行情况，以及维修资金使用情况、业主共有部分的经营与收益情况等以合理方式向业主公开并向业主大会、业主委员会报告。"

（1）公共收益情况公示

小区内电梯、楼道、道路等公共区域属于业主共用部分，物业服务企业利用业主共用部分进行经营，实质上是利用业主的财产进行经营，物业服务人作为提供物业服务的一方，并非小区的业主，并不能占有、使用公共收益，只能代替业主管理、支配该部分收益，因此应向业主公示公共收益的情况。

（2）物业服务事项、收费标准、维修资金使用情况等公示

业主大会、业主委员会代表业主行使权利，物业服务人作为物业服务合同的一方，理应对业主履行报告义务，定期将服务的事项、负责人员、质量要求、收费项目、收费标准、履行情况，以及维修资金使用情况、业主共有部分的经营与收益情况等以合理方式向业主公开并向业主大会、业主委员会报告。同时，物业服务人应及时将收支情况告知业主，保障业主的知情权。

（3）公示的方式

综上所述，物业服务人应及时履行信息公开义务，可以采用图8-9所示的方式。

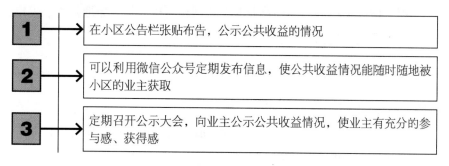

图8-9 履行信息公开义务的方式

3.业主支付物业费的义务

《民法典》第九百四十四条规定如下：

"业主应当按照约定向物业服务人支付物业费。物业服务人已经按照约定和有关规定提供服务的,业主不得以未接受或者无需接受相关物业服务为由拒绝支付物业费。

"业主违反约定逾期不支付物业费的,物业服务人可以催告其在合理期限内支付;合理期限届满仍不支付的,物业服务人可以提起诉讼或者申请仲裁。

"物业服务人不得采取停止供电、供水、供热、供燃气等方式催交物业费。"

(1)业主支付物业费的义务

物业费是业主对于物业服务人按照合同约定提供建筑物及其附属设施的维修养护、环境卫生和相关秩序的管理维护等物业服务所支付的对价。根据《物业服务收费管理办法》第九条规定,业主与物业服务企业可以采取包干制或者酬金制等形式约定物业服务费用。

实践中,因业主对物业服务人不满而拒绝支付物业费的现象大量存在。而物业服务人提起诉讼追索物业费时,业主往往以未接受或无须接受物业服务或物业服务人提供的物业服务不符合约定、物业服务人未尽到安全保障义务、物业服务人非合同当事人为由提出抗辩。在物业服务人如约提供了物业服务后,业主的抗辩是不成立的。物业服务人已经按照约定和有关规定提供服务的,业主不得以未接受或者无须接受相关物业服务为由拒绝支付物业费。

(2)业主欠费时物业服务人的催告义务

业主欠费时,物业服务人在提起诉讼或申请仲裁前有催告义务。将催告程序作为物业服务人起诉的前置条件,给物业服务人和业主提供了直接沟通、协商的空间,可督促一部分因为各种原因忘记或暂时无法支付物业费的业主尽快履行义务,有利于双方直接解决纠纷。

(3)物业服务人不得采取停水、停电等措施催收物业费

物业服务人不得采取停水、停电等措施催收物业费,无论物业服务合同有无约定,物业服务人都不得采取此类措施。如果物业服务人超越管理职权,采取停水、停电措施造成业主损害的,应当承担侵权损害赔偿责任。

4.业主告知、协助义务

《民法典》第九百四十五条规定如下:

"业主装饰装修房屋的,应当事先告知物业服务人,遵守物业服务人提示的合理注意事项,并配合其进行必要的现场检查。

"业主转让、出租物业专有部分、设立居住权或者依法改变共有部分用途的,应当及时将相关情况告知物业服务人。"

(1)装饰装修房屋时的告知义务

本条既规定了业主装饰装修活动中的民事义务,同时也带有行政管理性质。

（2）转让、出租、改变用途时的告知义务

业主的物业专有部分是业主的重要私人财产，为充分发挥物业专有部分的使用效益，业主有可能将自己的物业专有部分进行转让、出租，甚至通过设立居住权的方式交由他人使用，由此导致物业使用人与业主并不相同。特别是当物业专有部分具有商业性质时，物业专有部分的转让、出租频次会非常高，业主与物业实际使用人不一致的情况极为常见。业主与物业服务人之间由于信息不对称经常出现物业收费、人员管理等方面的纠纷。在改变专有部分用途的情况下，业主应当及时告知物业服务人，这主要是因为物业服务人作为受托方要对物业专有部分进行管理，如果专有部分用途发生改变，物业服务合同的内容也要相应作出改变。

五、物业服务合同的解除

《民法典》第九百四十六条规定如下：

"业主依照法定程序共同决定解聘物业服务人的，可以解除物业服务合同。决定解聘的，应当提前六十日书面通知物业服务人，但是合同对通知期限另有约定的除外。

"依据前款规定解除合同造成物业服务人损失的，除不可归责于业主的事由外，业主应当赔偿损失。"

1. 单方解除的法定程序

业主行使单方解除权必须履行法定程序。

法定程序应当以《民法典》第二百七十八条规定的程序为准，即"业主共同决定事项，应当由专有部分面积占比三分之二以上的业主且人数占比三分之二以上的业主参与表决"，另外还必须满足"应当经参与表决专有部分面积过半数的业主且参与表决人数过半数的业主同意"。

依照法定程序作出决定是业主解聘物业服务人的必要环节，它直接决定了业主解除物业服务合同是否正当。如果未经法定程序作出决定，那么全体业主解聘物业服务人的意思表示不能产生预期的法律效果。

2. 合同的解除与赔偿损失

合同的解除不影响合同当事人请求赔偿损失的权利。

《民法典》第五百六十六条规定："合同解除后，尚未履行的，终止履行；已经履行的，根据履行情况和合同性质，当事人可以请求恢复原状或者采取其他补救措施，并有权请求赔偿损失。合同因违约解除的，解除权人可以请求违约方承担违约责任，但是当事人另有约定的除外。"

对于损失赔偿的范围和金额，《民法典》第五百八十四条规定："当事人一方不履行合同义务或者履行合同义务不符合约定，造成对方损失的，损失赔偿额应当相当于因违约所造成的损失，包括合同履行后可以获得的利益；但是，不得超过违约一方订立合同时预见到或者应当预见到的因违约可能造成的损失。"

因此：

① 对于业主单方解除物业服务合同的，如果物业服务人存在违约行为，则业主行使权利属于正当事由，不应赔偿物业服务人的损失。

② 如业主是自行行使任意解除权，对于合同解除给物业服务人造成的直接损失以及可得利益损失，包括物业服务人已经实际支出且无法收回的服务成本、合同未履行期间的预期收益等损失，业主应当赔偿。

六、物业服务合同的续订

《民法典》第九百四十七条规定如下：

"物业服务期限届满前，业主依法共同决定续聘的，应当与原物业服务人在合同期限届满前续订物业服务合同。

"物业服务期限届满前，物业服务人不同意续聘的，应当在合同期限届满前九十日书面通知业主或者业主委员会，但是合同对通知期限另有约定的除外。"

续聘是业主和物业服务人基于合同的履行情况，决定在合同期限届满前启动一段新的合同关系的行为。在业主依法共同作出续聘决定的情况下，业主应当与物业服务人在合同期限届满前续订物业服务合同。

1.业主续聘物业服务人应满足的条件

业主决定续聘物业服务人时，应满足图8-10所示的条件。

条件一 —— 双方存在合法有效的物业服务合同关系

这是业主续聘物业服务人、续订物业服务合同的前提，业主与物业服务人之间不存在既有关系，也就没有续聘的必要，可视为订立新的合同

条件二 —— 业主在物业服务期限届满前已经依法共同决定续聘物业服务人

这包含两方面的内容：一是时间方面，应在物业服务期限届满前作出续聘的决定；二是程序方面，应依照法定程序作出续聘的决定。如果在服务期限届满之后作出续聘决定，那么与原物业服务人的合同就缺少连贯性

| 条件三 | 必须依法共同作出续聘决定 应当由专有面积占比三分之二以上且人数占比三分之二以上的业主参与表决，还应当经参与表决专有部分面积过半数的业主且参与表决人数过半数的业主同意 |

图 8-10　业主续聘物业服务人应满足的条件

2. 物业服务人不同意续聘时的通知义务

物业服务人不同意续聘时履行通知义务应满足图 8-11 所示的三个要求。

1	应当在合同期限届满前九十日通知
2	物业服务人应当以书面方式通知
3	物业服务人通知的对象是业主或者业主委员会，要根据所在物业的不同情况选择相应的通知对象

图 8-11　物业服务人不同意续聘时履行通知义务的要求

七、不定期物业服务合同

《民法典》第九百四十八条规定如下：

"物业服务期限届满后，业主没有依法作出续聘或者另聘物业服务人的决定，物业服务人继续提供物业服务的，原物业服务合同继续有效，但是服务期限为不定期。

"当事人可以随时解除不定期物业服务合同，但是应当提前六十日书面通知对方。"

物业服务期限届满后，双方没有续订合同，则物业服务合同终止。物业服务合同终止后，在没有后续物业服务企业入驻的情况下，前物业服务企业撤离必然导致小区基本生活秩序失控。为了避免这一情况，本条规定了不定期物业服务合同。

1. 不定期物业服务合同的成立条件

不定期物业服务合同的成立需满足图 8-12 所示的条件。

不定期物业服务合同并不是业主和物业服务人之间订立了新的合同，而是原物业服务合同的延续。虽然这种规定在一定程度上干预了当事人的自由意志，但是对秩序、效益等价值进行了考量，属于法定的特殊安排。

```
条件 ①  物业服务期限届满，意味着物业服务已经到期

条件 ②  业主没有依法作出续聘或者另聘物业服务人的决定

条件 ③  物业服务人继续提供物业服务
```

图8-12　不定期物业服务合同的成立条件

2.随时解除的通知

不定期物业服务合同当事人的随时解除权，必须按照法律规定的方式行使，即提前六十日书面通知对方。当事人书面通知对方即为行使解除权的行为，但该行为在六十日期限届满后才发生效力。

八、物业服务人的移交义务及法律责任

《民法典》第九百四十九条规定如下：

"物业服务合同终止的，原物业服务人应当在约定期限或者合理期限内退出物业服务区域，将物业服务用房、相关设施、物业服务所必需的相关资料等交还给业主委员会、决定自行管理的业主或者其指定的人，配合新物业服务人做好交接工作，并如实告知物业的使用和管理状况。

"原物业服务人违反前款规定的，不得请求业主支付物业服务合同终止后的物业费；造成业主损失的，应当赔偿损失。"

1.物业服务人的交接义务

物业服务合同是物业服务人与业主之间的协议，物业交接发生在物业服务合同终止后，那么交接应属于物业服务人与业主之间的事项，即物业服务人和业主属于物业交接的主体。对于原物业服务人而言，其与新物业服务人并无直接的法律关系，双方并无直接交接的权利和义务；对于业主而言，新物业服务人与之存在合同关系，由此获得了对物业的管理权限，与业主存在合同约定的物业交接权利和义务，从这个层面上讲，新物业服务人也属于物业交接的主体。

① 交接对象：业主委员会、决定自行管理的业主或者其指定的人。

② 退出时间：原物业服务人应当在约定期限或者合理期限内退出。

③ 交接内容：包括退出物业服务区域、移交物业服务用房、移交相关设施、移交物业服务所必需的相关资料和由其代管的专项维修资金等。

2.违反移交义务造成业主损失的应当承担赔偿责任

"原物业服务人违反前款规定的,不得请求业主支付物业服务合同终止后的物业费;造成业主损失的,应当赔偿损失。"由此可见,物业服务人拒不履行交接义务而造成损失的,应当承担赔偿责任。

如果原物业服务人拒不撤出,业主可以根据合同约定要求其承担相应的违约责任。同时,业主或业主委员会亦可向相关行政主管部门反映情况,要求原物业服务人承担相应的行政责任。原物业服务人承担民事责任并不能免除其应承担的行政责任。

九、物业服务人的后合同义务

《民法典》第九百五十条规定如下:

"物业服务合同终止后,在业主或者业主大会选聘的新物业服务人或者决定自行管理的业主接管之前,原物业服务人应当继续处理物业服务事项,并可以请求业主支付该期间的物业费。"

就物业服务合同而言,发生合同终止的情形如图 8-13 所示。

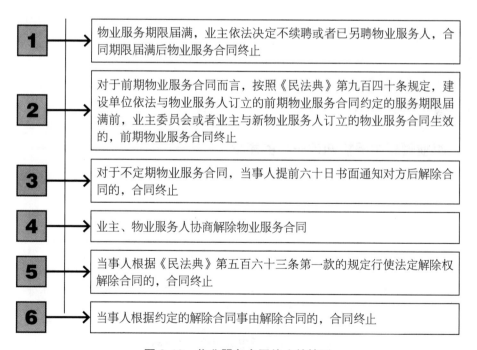

图 8-13 物业服务合同终止的情形

在新物业服务人或者决定自行管理的业主接管之前,原物业服务人继续处理物业服务事项是基于法律的强制性规定,也是原物业服务人的法定义务。但原物业服务人可根据其实际提供的物业服务向业主收取必要的费用。

第三节 知识产权保护合规

在日常工作中,知识产权保护与运营是物业合规管理的一个重要方面。物业管理涉及各种资源的使用和管理,其中包括知识产权的保护与运营。

一、知识产权的定义

知识产权,是基于创造成果和工商标记依法产生的权利的统称。最主要的三种知识产权是著作权、专利权和商标权,其中专利权与商标权也被统称为工业产权。

《民法典》第一百二十三条规定,民事主体依法享有知识产权。知识产权是权利人依法就下列客体享有的专有的权利:

① 作品;
② 发明、实用新型、外观设计;
③ 商标;
④ 地理标志;
⑤ 商业秘密;
⑥ 集成电路布图设计;
⑦ 植物新品种;
⑧ 法律规定的其他客体。

二、物业管理中保护知识产权的意义

物业管理中保护知识产权具有图 8-14 所示的意义。

提升服务质量	维护市场秩序	促进创新发展
通过保护物业服务企业的知识产权,可以鼓励其进行技术创新和服务升级,从而提升服务质量	知识产权保护有助于防止不正当竞争和侵权行为的发生,维护物业管理市场的健康秩序	知识产权保护可以激发物业服务企业的创新活力,推动行业的技术进步和服务创新

图 8-14 物业管理中保护知识产权的意义

三、物业管理中涉及的知识产权类型

在物业管理中,涉及的知识产权类型主要可以归纳为以下几类。

1. 工业产权

（1）专利权

物业服务企业可能拥有与物业服务、技术创新或管理方法相关的专利，这些专利可能涉及设备、系统、流程或服务方式等。

（2）商标权

物业服务企业的品牌、标志、服务名称等可能受到商标法的保护，这些商标代表了企业的形象和信誉。

2. 著作权

物业服务企业可能拥有与物业管理相关的作品的著作权。这些作品可能包括物业管理软件、操作手册、培训资料、宣传海报等。

3. 其他知识产权

除了上述常见的知识产权类型外，物业管理中还可能涉及其他类型的知识产权，如商业秘密、专有技术、数据库等。这些知识产权可能涉及企业的管理策略、客户信息、技术秘密等敏感信息。

四、物业管理中知识产权的运营

在物业管理中，知识产权的运营是指通过合理调配和利用知识产权资源，提高物业管理的效益和竞争力。物业服务企业可以通过图 8-15 所示的几方面来进行知识产权的运营。

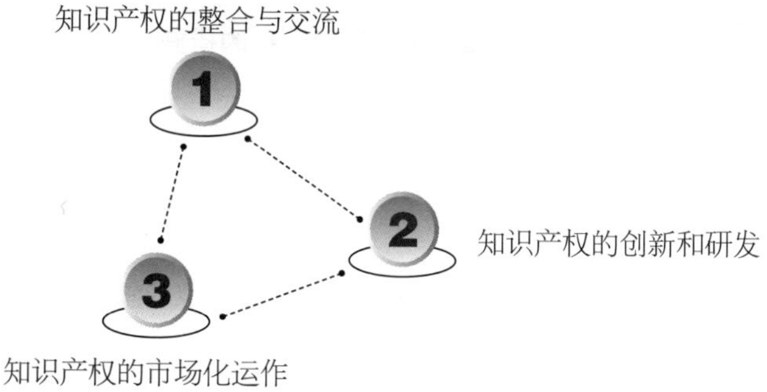

图 8-15 物业管理中知识产权的运营

1. 知识产权的整合与交流
2. 知识产权的创新和研发
3. 知识产权的市场化运作

1. 知识产权的整合与交流

物业服务企业可以通过整合不同的知识产权资源，促进知识的共享和交流。

比如，可以将物业管理中的最佳实践分享给其他物业服务企业，从而提高整个行业的发展水平。

2.知识产权的创新和研发

物业服务企业可以通过持续的创新和研发,提高自身的核心竞争力,提供更加优质的服务,并满足客户的个性化需求。

3.知识产权的市场化运作

物业服务企业可以将自身的知识产权进行市场化运作,实现经济效益的最大化。

比如,可以通过授权他人使用自身的知识产权来获取经济利益,并提升自身品牌形象和影响力。

五、知识产权保护的措施

在物业管理中,知识产权的保护是确保知识产权的合法权益不受侵犯的重要环节。对此,物业经理可以采取图8-16所示的一些知识产权保护措施。

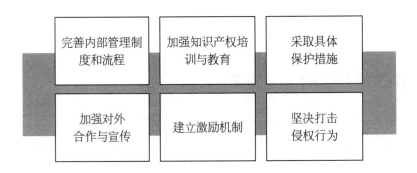

图8-16 知识产权保护的措施

1.完善内部管理制度和流程

(1)制定专门的知识产权管理制度

明确知识产权的归属、使用、转让等规定,规范公司内部知识产权管理行为。

(2)建立知识产权登记和档案管理制度

对公司所有的知识产权进行登记造册,建立完善的档案,方便查询和管理。

(3)完善知识产权保密制度

制定严格的保密制度,对公司重要的知识产权进行加密处理,防止泄密和侵权行为。

(4)建立知识产权数据库

收录企业专利、商标、著作权等知识产权信息,建立知识产权数据库,实现知识产权信息共享,为企业管理提供数据支持。

2. 加强知识产权培训与教育

（1）定期组织知识产权培训

邀请知识产权专家或律师为内部员工开展知识产权培训，提高员工对知识产权的认识和重视程度。

（2）强调品牌与知识产权的关系

在培训中，强调物业品牌与知识产权的紧密联系，让员工认识到保护知识产权对于维护品牌形象、提升品牌价值的重要性。

3. 采取具体保护措施

（1）合同保护

与合作伙伴、员工等签订相关合同，明确知识产权的归属问题和使用方式，对未经授权的使用和披露行为加以限制。

（2）法律保护

依法申请专利、注册商标等，保护公司的技术创新和品牌形象。同时，积极维护公司的著作权，防止他人非法复制、传播公司的文档、软件等作品。

（3）技术保护

采用技术手段保护知识产权，如数据加密、访问控制等，防止未经授权的人员访问和使用公司的知识产权。

（4）内部管理

加强内部管理，确保知识产权的安全。建立严格的保密制度，防止商业秘密泄露。同时，建立知识产权档案，对公司的知识产权进行统一管理。

4. 加强对外合作与宣传

（1）加强与行业协会、专业机构的合作

加强与行业协会、专业机构的合作，分享行业内的最佳实践和经验，共同推动知识产权保护事业的发展。

（2）增强公众知识产权意识

通过各种渠道向公众宣传知识产权知识，提高公众对知识产权的认识和重视程度，为知识产权保护营造良好的社会氛围。

5. 建立激励机制

（1）设立知识产权奖励制度

对在知识产权保护工作中作出突出贡献的员工给予表彰和奖励，激发员工的积极性和创造力。

（2）鼓励员工参与创新活动

为员工提供创新所需的资源和支持，鼓励员工积极参与创新活动，为公司带来更多的知识产权成果。

6.坚决打击侵权行为

（1）遵守法律法规

物业服务企业应严格遵守知识产权相关法律法规，尊重他人的知识产权，不侵犯他人的合法权益。

（2）加强知识产权维权

建立健全知识产权维权机制，对侵犯企业知识产权的行为进行及时查处，并加强与政府、行业协会等部门的沟通与合作，共同维护企业知识产权权益。

 相关链接

物业管理中常见侵权行为及后果

1.常见侵权行为

在实践中，与物业管理相关的知识产权侵权行为通常有以下几类。

（1）未经授权使用他人商标或标识

在物业管理中，有时会出现未经商标权人许可，擅自使用其注册商标或标识的情况，如将注册商标或标识用于宣传材料、标识牌等。

比如，某物业服务企业未经许可，在其管理的楼盘宣传册上使用了某知名企业的注册商标，被该企业发现并提起诉讼，最终法院判决物业服务企业停止侵权行为并赔偿损失。

（2）盗用他人专利技术

部分物业服务企业为降低成本，可能会盗用他人的专利技术，如智能门禁系统、节能技术等，侵犯专利权人的合法权益。

比如，一家物业服务企业盗用了另一家公司研发的智能安防专利技术，被专利权人发现后，经过法律程序，法院认定侵权行为成立，该物业服务企业需承担法律责任。

（3）侵犯他人著作权

在物业管理领域，涉及著作权的侵权行为主要包括未经许可使用他人的文字、图片、视频等作品，如将文字、图片、视频等作品用于宣传册、网站等。

比如，某物业服务企业在其官方网站上未经许可使用了某摄影师的摄影作品作为背景图片，被摄影师发现后提起诉讼，法院认定该物业服务企业侵犯了摄影师的著作权，该物业服务企业需承担相应法律责任。

2.侵权后果与影响

一般来说，只要侵权事实存在，就会产生一定的后果与影响，具体如下所示。

（1）法律责任

知识产权侵权行为一旦被发现并证实，侵权方需承担停止侵权、赔偿损失等法律责任，甚至可能面临刑事责任。

（2）品牌声誉受损

知识产权侵权行为会对物业服务企业的品牌声誉造成负面影响，降低其在市场中的竞争力和信任度。

（3）经济损失

知识产权侵权行为可能导致被侵权方提起索赔诉讼，物业服务企业需承担赔偿责任，造成经济损失。